"아이들이 가장 선호하는 직업 중 70%는 미래에 기계가 대신할 것이다."
어떻게 해야 할까. 변화를 막을 수는 없다. 받아들여야 한다.

미래 직업 세계에서는 다가오는 변화 앞에서
혹은 이러한 변화를 위기라고 표현하더라도
그 위기를 기회로 받아들일 수 있는 사람이 주인공이 될 것이다.

미래의 변화는 분명 위협이 될 수 있다.
거대한 절벽을 만들어낼 수도 있다.
하지만 여기에 기회를 더하여 변화를 만들어내는 것이 중요하다.

노력의 방향이 중요하다. 각자가 원하는 진로를 찾아
구체적으로 변화를 탐색하고 거기에 필요한 역량을 갖추기 위해
필요한 능력이나 준비는 무엇인지 알아보자.

4차 산업혁명을 대비하는 청소년 진로 가이드북

새로운 미래
뭐하고 살까?

4차 산업혁명을 대비하는 청소년 진로 가이드북

새로운 미래 뭐하고 살까?

펴낸날 2019년 6월 20일

지은이 김 승, 성기철, 이정아, 정동완
펴낸이 김영선
교정·교열 이교숙, 남은영
경영지원 최은정
디자인 현애정
마케팅 신용천

펴낸곳 (주)다빈치하우스-미디어숲
주소 경기도 고양시 일산서구 고양대로632번길 60, 207호
전화 (02) 323-7234
팩스 (02) 323-0253
홈페이지 www.mfbook.co.kr
이메일 dhhard@naver.com (원고투고)
출판등록번호 제 2-2767호

값 14,800원
ISBN 979-11-5874-052-8 (43300)

이 도서의 국립중앙도서관 출판예정도서목록(CIP)은 서지정보유통지원시스템 홈페이지(http://seoji.nl.go.kr)와 국가자료공동목록시스템(http://www.nl.go.kr/kolisnet)에서 이용하실 수 있습니다.(CIP제어번호: CIP2019019234)

4차 산업혁명을 대비하는 청소년 진로 가이드북

새로운 미래 뭐하고 살까?

김승, 성기철, 이정아, 정동완 공저

미디어숲

추천사

이 책을 통해 저자는 자신이 연구한 자료와 상담 과정을 아낌없이 다른 이들과 나누고자 한다. 그것도 과거와 현재와 미래를 조목조목 비교해가며 쉬운 말과 표현으로 독자에 대한 배려도 잊지 않으면서 말이다. 당신이 학생의 미래를 함께 고민해야 할 교사라면, 현재 자녀가 초·중·고를 다니고 있는 학부모라면, 미래 사회가 걱정되고 미래에 무엇을 하고 살아야 하는지 고민하고 있는 학생이라면 이 책을 꼭 읽어 볼 것을 권한다. 부정적 미래가 아닌 낙관적 미래, 막연한 낙천이 아닌 낙관적 미래에 대한 희망을 갖고자 한다면, 저자가 제시하는 이야기에 귀 기울여 보길 권한다.

– 정제원(숭의여고 진학부장)

미래에 대한 확고한 신념과 그에 따른 명확한 진로를 제시하기에는 어려운 교육현장에서 미래직업에 대한 견해를 무언가에 견주어 내비칠 수 있는 한 가닥의 빛이 될 만한 내용이라 이 책의 발간이 무척 기대된다. 아이들이 성장하고 꿈이 바뀌어 갈 때 즈음, 이 책이 옆에 있었으면 하는 마음이 들 정도로 내용이 깊이가 있어서 아이들의 내적 성장에 큰 도움이 될 것 같다.

– 이중근(부산공업고 교사/미래교육 선도위원)

이 책은 아직은 막연하게 느껴지는 4차 산업혁명 시대에 대해, 미래를 보다 구체적이고 본질적으로 생각하게 하고 미래를 위한 역량을 준비할 수 있도록 도와준다. 특히, 직업과 진로에 대한 미래 예측 시나리오와 신직업 탄생의 비밀은 새로운 창조 시대의 주인공이 되게 하는 열쇠가 될 것이다.

– 문지영(김해 주석초 수석교사/한국유·초등수석교사회 학술국장)

미래에 사라질 직업과 창출될 직업을 파악하는 일은 매우 중요하다. 단순히 학교 성적, 현재 자신의 관심사로만 진학, 진로 방향을 설정하기에는 미래 사회가 너무나 예측 불가능하기 때문이다.
이 책은 청소년들에게 급변하는 직업세계의 변화를 긍정적으로 받아들이게 하며, 창직이라는 제3의 방안을 제시해주는 미래지향적인 책이다. 진로에 고민이 많은 오늘날의 청소년들과 학부모들에게 적극 추천한다.

– 신보미(『중학생활백서』 저자/옥포중 교사)

모든 것을 연결하고 통합하는 기술혁신시대이다. 점차 전통적인 경험에 근거하여 분류된 안정적이고 좋은 직업들은 대부분 사라지거나 새로운 역량을 요구하는 방향으로 바뀌게 될 것이다. 하지만 관점을 바꾸면 두려울 필요가 없다. 시대 정보를 살피며, 미래 변화를 예측하는 습관을 가진다면 가능성은 무궁무진할 것이다.
기회를 찾는 이들에게 4차 산업혁명은 획일화된 전공과 직업의 세계가 아닌 진정한 의미에서 원하는 것을 할 수 있는 기회를 열어주는 시대가 될 것이다. 이 책을 읽는 순간 그 시작점에 서게 될 것이다.

– 노재성(청소년사역 전도사)

언론에서 많이 나오는 4차 산업혁명이란 말은 공부에만 신경 쓰기도 모자란 청소년들에게 진로에 대한 고민, 직업선택에 대한 새로운 과제를 안겨주고 있다. 이렇게 미래가 두려운 청소년들에게 이 책은 미래를 두려워하지 않도록 진로와 직업 선택에 대해 체계적으로 도와주는 세부적인 지침서가 될 것으로 기대한다.

– 류영철(경남교육연구정보원 정책연구위원/교육학 박사)

이 책은 미래 변화에 대한 긍정적 관점을 학생들에게 심어주는 실제적이고 구체적인 지침서이며, 미래에 대한 확신을 줄 수 있는 시원한 카타르시스를 경험할 수 있는 진로교육의 마중물이다.

– 문주호(속초 교동초 수석교사)

급속도로 빨라지고 있는 4차 산업혁명의 물결 속에 우리 청소년들은 입시와 더불어 미래에 대한 예측 불허의 시대를 살고 있다. 인간을 대체할 로봇과 AI 시대를 준비하기 위한 청소년들의 미래 사회의 변화와, 직업의 선택에 있어 가장 중요한 '변화에 대한 소양'을 갖추고 실질적 해답을 찾아볼 수 있는 책이다. 시대를 좇아가는 삶이 아닌 미래를 개척하고자 하는 삶을 꿈꾸는 이들에게 필독을 권한다.

– 공일영(호치민시한국국제학교 교사/『프로젝트수업 교육과정을 만나다』 저자)

의사 변호사 회계사가 사라진다? 공무원의 미래는 안정적일까?(4차 산업혁명으로 청소년들이 가장 선호하는 직업의 70%가 기계나 인공지능으로 대체될 전망이다.) 불확실한 미래, 청소년들에게 가장 필요한 것은 변화하는 미래를 이해하고 예측하고 준비하는 것이다. 당장 무엇을 해야 할까? 궁금하다면 이 책을 읽어라.

– 엄신조(진로진학포털 유니헬프 대표/경일대 교수)

이 책은 미래를 이끌어갈 우리 청소년들에게 어떻게 살아가는 것이 미래를 준비할 수 있는지 안내해주는 나침반과 같은 책이다. 창의융합적 사고와 미래의 변화에 대처할 수 있는 능동적인 자세를 요구하는 책으로써 학생들의 필독서라고 할 수 있다.

– 안재형(EBS 창의융합교육부 미래교육 강사/경남 용남초 교사)

2030년 즈음이면 기본 복지혜택으로 먹고, 자고, 입는 건 걱정할 필요가 없다. 돈을 버는 시대가 아니라 개인의 행복을 추구하는 것이 목표가 될 것이다. 생각하는 힘과 공부할 수 있는 능력이 중요한 세대가 도래하게 되는데 바로 이 책이 4차 산업혁명을 살아갈 우리에게 이렇게 준비하라고 그 방법을 직접적으로 제시한다. 꼭 읽어야 한다!

– 이금수(중대부고 교사/EBS 대표강사)

시대의 화두 4차 산업혁명! 쓰나미 같이 밀려오는 4차 산업혁명의 도래로 "초등학교에 입학한 아이들의 65%는 현재 존재하지 않는 직업에 종사할 것이다." 2016년 세계경제포럼의 「일자리 미래보고서」 내용이다. 본서는 4차 산업혁명시대에 과연 무엇을 준비하고 어떤 역량을 키워야 할 것인가?를 고민하는 학부모, 학생, 교사들에게 어떤 애티튜드(Attitude)로 미래를 준비하고 행복한 진로를 디자인할 것인가에 유용한 도움이 되리라 확신한다.
"현재가 미래를 만드는 것이 아니라, 미래비전이 현재를 만든다." 〈토마스 프레이〉

– 강대식(대전진로진학상담교사협의회 회장/전국 진로진학상담교사협의회 부회장)

4차 산업혁명의 소용돌이 속에서 길을 잃을 수도 있는 우리 청소년들에게 이 책이 미래 사회의 변화를 이해하고 자신의 진로를 설계하는 데에 나침반과 같은 역할을 할 것으로 확신한다.

– 오세종(인천 인일여고 진로진학상담교사)

프롤로그

미래직업에 대한 관점을 바꾸다

4차 산업혁명 시대 도래로 청소년들을 위한 『10대가 맞이할 세상 새로운 미래직업』을 펴냈다. 입소문이 나면서 많은 독자들의 사랑을 받아 청소년 진로 분야 베스트셀러에 올랐다.

"미래변화를 주제로 글을 쓰면 개정을 자주 하게 될지도 몰라." 누군가 지나가면서 던진 말이 피부로 다가왔다. 어제 산 스마트폰이 오늘 구형이 되는 시대라 바뀐 내용들을 살펴보고 보강하여 좀 더 알차고 유익한 내용으로 새롭게 재편집 발행하게 됨을 기쁘게 생각한다.

이 독특한 시점의 재편집을 뭐라고 규정해야 좋을까. 주변에서 하도 재미있다고 야단법석인 영화가 있어서 못 이기는 척 보려고 하는데, 막상 보려고 하니 '헐' 이거 시리즈 작품이었네! 그 전편을 보지 않으면 다음 세계관을 파악하기 어려운 게다. 바로 그런 느낌이다.

청소년을 위한 미래학 책이 쏟아져 나올 텐데, 이 책 정도를 읽어야 '청소년을 위한 긍정미래학' 기초가 놓일 것 같은 '대책 없는 자부심'이랄까. 이미 읽은 분들을 위해서는 얼른 그 다음 버전으로 펴낼 터이니, 이번 책은 아직 못 읽은 사람들을 위한 배려임을 양해 구한다.

청소년을 위한 최초이자 유일의 미래직업관 입문서다. 미래와 미래직업에 대한 지금까지의 모든 담론에서 청소년은 배제되었다. 구글에 미래직업을 입력하면, 1백만 건의 정보가 검색된다. 그런데 대부분의 내용이 '미래에 살아남을 직업'과 '사라질 직업'으로 이분법화된다. 그게 전부다. 미래의 변화를 안고 살아야 할 주인공은 지금 우리의 청소년인데, 이분법만 던져놓고 '알아서 하라'는 식이다. 이 책은 그러한 과도기적 혼돈기에 희망의 씨를 뿌리는 작업으로 탄생되었다.

미래직업에 관한 결과론적 통계를 제시하는 책은 아니다. 오히려 그러한 정보 속에서 '소음'과 '신호'를 구분하는 통찰을 심어주는 것을 목적으로 삼았다. 직업세계의 빠른 변화를 보면서 오히려 변하지 않는 본질을 찾아내는 힘을 심어주려는 것이다. 그러나 이론과 원리를 장황하게 설명하는 방식을 과감하게 버리고, 아주 일상적인 경험들을 통해 수다를 떨면서 결국 변화의 원리까지 타고 올라가는 귀납적인 접근법을 견지하였다.

가장 의미 있는 차별점은 기존의 진로교육을 미래직업과 연결 짓는 '미래형 진로교육'의 모델을 담았다는 것이다. 더군다나 학교현장의 학생들과 실제 수업을 진행하면서 끌어올린 언어들을 고집스럽게 책 안에 밀어 넣었다. 4차 산업혁명, 신직업, 창직 등을 청소년의 마음에 심어주기 위해 사용하였던 오직 한 가지 초점은 'IN + SIGHT' 즉 직업세계와 미래변화의 '안'을 볼 수 있는 힘, '통찰력INSIGHT'을 심어주는 것이다.

그간 다양한 학생들과 진로수업을 진행하며 나눈 이야기와 4차 산업혁명이라는 미래 앞에서 어떤 꿈을 꾸고 어떤 준비를 해야 할지를 담았다. 이 책을 통해 부모와 교사는 예측하기 힘든 4차 산업혁명에 대해 학생들이 어떤 생각을 가지고 있는지, 그들에게 어떤 지도를 해줄 수 있는지를 엿볼 수 있을 것이다. 학생 여러분은 4차 산업혁명에 대한 개념이 조금은 잡히게 될 것이고, 그 이해를 바탕으로 각자 꿈의 나래를 펼칠 수 있을 것이다. 이 책이 4차 산업혁명을 앞두고 진로를 고민하는 여러분에게 나침반이 되어주기를 기대해본다.

대표저자 김 승

차 례

PART 2

10대가 살아갈 세상, 4차 산업혁명 시대

PART 3

직업의 변화를 알면 내 일이 보인다

PART 4

직업을 창조하라

P A R T 1

새로운 미래, 두려워하거나 기회를 잡거나

내가 꿈꾸는 직업이 사라질까?

"10년 후 없어질 직업 목록"

"미래에 사라질 직업 랭킹"

"인공지능이 대체할 직업 순위"

"빠르게 감소하는 직업들"

민수가 학교 수행평가 과제로 '미래직업'을 검색했을 때 나온 결과다. 구글 검색창에 '미래직업'이라고 치고 엔터를 누르자 약 백만 개의 검색 결과가 나왔다. 화면을 '새로고침'할 때마다 결과는 계속 달라졌다. 그중 유독 눈에 들어온 그래픽 자료가 위와 같은 제목들이었다.

심장이 쿵쾅거렸다. 민수의 눈에 긍정적 자료보다는 미래에 사라질 직업과 같은 부정적 뉴스들이 확 들어왔다. 왜 그럴까. 자극적인 제목 탓도 있겠지만 근본적으로 인간의 뇌가 가진 특성 때문이다. 뇌는 긍정적인 자극보다 부정적인 자극에 더 민감하다. 또한 부정적인 정보일수록 더 오래 기억하는 경향이 있다. 심리학에서는 '부정적 편향'이라고 부른다. 부정적이거나 위협적인 자극과 경험을 먼저 기억하고 오래 기억하며, 이것이 비슷한 상황에서의 선택에 영향을 미치는 것이다. '나는 긍정적인 자료를 찾아낼 거야'라고 의도하지 않는 한, 아마도 우리 눈에는 '미래에 사라질 직업'에 대한 정보가 더 잘 들어올 것이다. 굳이 뇌과학의 근거를 사용하지 않더라도 청소년 여러분의 눈에 미래직업에 관한 부정적인 정보가 더 잘 보이는 이유는 또 하나 있다.

'내가 10년 동안 꿈꿔온 직업인데… 사라지면 어떡하지?' 간단히 말하면 생존본능, 위기의식이다. 억울한 인생이 될까 염려하는 것이다. 스스로 꿈을 포기하거나 꿈이 바뀔 때는 괜찮지만, 오랜 시간 열렬하게 꿈꾸던 것이 하루아침에 '직업 목록'에서 사라질 수 있다는 것은 그야말로 충격이다.

2013년 어느 이른 봄날, 조선일보에 기사 하나가 실렸다.

'레슬링 꿈나무들… 그 꿈이 사라졌습니다.'

올림픽 종목에서 레슬링을 공식적으로 퇴출하기로 결정했다고 국제올림픽위원회에서 발표한 것이다. 레슬링 금메달을 꿈꾸며 구슬땀을 흘리던 수많은 꿈나무들과 1,800명의 선수들은 그 결정에 좌절과 아픔을 느낄 수밖에 없었다. 다행히 얼마 지나지 않아 그해 9월, 국제올림픽위원회는 2020년 도쿄올림픽에 추가로 포함될 1개 종목으로 레슬링을 정식종목으로 확정해 놀란 가슴을 쓸어내릴 수 있었다.

실제로 세계경제포럼의 보고서에서 현재 7세 이하 어린이가 사회에 나가 직업을 선택할 때가 되면 65%는 지금은 없는 직업을 갖게 될 거라고 예측했다. 여러분은 새로 등장하는 첨단 직업의 전망이 얼마나 좋은가, 어떤 새로운 직업이 생겨나는가보다는 현재 자신이 꿈꾸는 직업의 생존 여부가 더 궁금할 것이다.

"그거 해서 먹고살 수 있겠어?"

"우리 아기~ 무엇이 되어도 괜찮으니 그저 건강하기만 하면 된다."

"돌잔치에 꼭 연필, 청진기 잡아야 할 텐데.. 교수, 의사가 되렴."

"대통령, 과학자가 될 거예요."

"이 성적으로 가능할까", "나는 어떤 일이 잘 맞을까?"

여기까지 '진로성숙도' 구간

"이 직업이 안정적일까?", "뭘 해야 먹고살 수 있을까?"

여기부터 '미래대응도' 구간

"미래는 어떻게 변할까?", "미래직업은 어떻게 변할까?"

누구나 한번쯤 성장하면서 꿈이 좌절되거나 꿈을 강요받은 경험이 있다. 그런 기억으로 인해 미래직업이 더욱 불편하고 불안하게 다가온다. 꿈의 변화, 직업의 변화에 대해 방어기제자아가 위협받는 상황에서, 무의식적으로 자신을 속이거나 상황을 다르게 해석하여, 감정적 상처로부터 자신을 보호하는 심리 의식이나 행위를 가리키는 정신분석 용어가 먼저 작동된다. 아래 그림을 보면 성장하면서 꿈과 직업과 관련하여 어떤 변화와 좌절이 있어 왔는지 알 수 있다.

직업에 대한 꿈은 초등학교 시절 찬란하게 꽃을 피운다. 너무 일찍 꽃을 피운 탓일까. 이후로는 초등 시절의 설렘이나 희망을 찾기 힘들다. 초등학생들에게 희망하는 직업을 물어보면 어떤 답변이 나올까. 이 시기에는 아직 엄마의 영향력과 신뢰가 남아 있어 엄마가 기대하는 꿈 5종 세트인 판사, 검사, 변호사, 교사, 의사 중에서 희망직업이 많이 나온다. 특히 교사와 의사가 상위 랭킹을 차지한다.

〈초·중·고생 희망직업 상위 10위 변화 추이〉 표는 청소년 희망직업을 10년 전과 현재를 비교한 통계 결과이다. 놀라운 것은 교사가 부동의 1위 자리를 계속 지키고 있다는 점이다. 2017년 초등학생 희망직업은 교사, 운동선수, 의사, 요리사, 경찰, 가수, 법조인, 프로게이머, 제빵 제과원, 과학자 순이다. 여기서 눈여겨 볼 점은 대통령이라는 꿈이 랭킹에서 완전히 사라졌다는 것이다. 한편, 과학자라는 직업이 위태롭게 10위에 머물러 있는 현실이 아픈 부분이다.

10년 전과 10년 후 변화보다 더 주목할 것은, 초·중·고의 성장과정 변화추이다. 교사는 부동의 1위를 지키지만 운동선수는 점차 순위에서 밀리기 시작한다. 초등에서 2위이던 운동선수는 중등에서 4위로, 6위이던 가수는 중등 목록에서 사라진다. 중요한 것은 고등학생의 희망직업 순위다. 교사는 여전히 1위의 위용을 과시한다. 초등, 중등에서 3위이던 의사는 7위로 밀려난다. 그리고 운동선수와 가수는 아예 목록에서 자취를 감춘다.

초·중·고생 희망직업 상위 10위 변화 추이

순위	초등학생		중학생		고등학생	
	2007	2017	2007	2017	2007	2017
1	교사	교사	교사	교사	교사	교사
2	의사	운동선수	의사	경찰	회사원	간호사
3	연예인	의사	연예인	의사	공무원	경찰
4	운동선수	요리사	법조인	운동선수	개인사업	군인
5	교수	경찰	공무원	요리사	간호사	기계공학 기술자 및 연구원
6	법조인	가수	교수	군인	의사	건축가
7	경찰	법조인	경찰	공무원	연예인	의사
8	요리사	프로게이머	요리사	건축가	경찰	컴퓨터 공학자 프로그래머
9	패션 디자이너	제빵원 및 제과원	패션디자이너	간호사	공학 관련 엔지니어	교수 학자
10	프로게이머	과학자	운동선수	승무원	패션 디자이너	승무원

자료 : 교육부, 2017년 초·중등 진로교육 현황조사

교육부에서 조사한 청소년 희망직업을 살펴보면 성장단계별 진로 고민이 고스란히 읽힌다. 초등 시절에 있던 법조인의 꿈은 이미 중등 순위에서 사라진다. 중등까지 상위를 유지하던 의사도 후순위로 밀려난다. 이는 그 직업의 인기가 떨어진 것이 아니다. "이 성적으로 의사가 될 수 있겠니?" 또는 "이런 성적으로 검사가 되기는커녕 피고인이 될 것 같다"라는 핀잔과 자신의 성적을 보면서 희망직업이 바뀐 것이다.

초등에서 인기가 많던 가수와 운동선수는 중등부터 밀리기 시작해 고등에서는 아예 자취를 감춘다. 이는 실현 가능성과 더불어 "그거 해서 먹고살 수 있겠어?"라는 근본적 생계유지에 대한 경제적 현실성 질문에 자신 있는 답변을 하지 못한 결과다. 의사의 꿈이 밀려난 것 또한 실현 가능성 측면 때문이고 가수의 꿈이 사라진 것은 실현가능성에 경제성 측면까지 더해진 결과이다.

사회는 이러한 현상을 더욱 부추긴다. 전체 실업자 통계 중 절반은 대졸자이며, 차라리 대학을 포기하고 공무원시험을 준비하는 청소년이 5년 단위로 2배 이상 급증하는 추세이다. 어린 시절부터 냉엄한 현실 논리 앞에서 여러분은 지속적으로 꿈의 변화, 직업의 변화를 온몸으로 겪으며 살아가고 있다. 그러다 보니 여러분은 다가올 미래직업의 변화에 대한 부정적 뉴스에 냉소를 날릴지도 모르겠다.

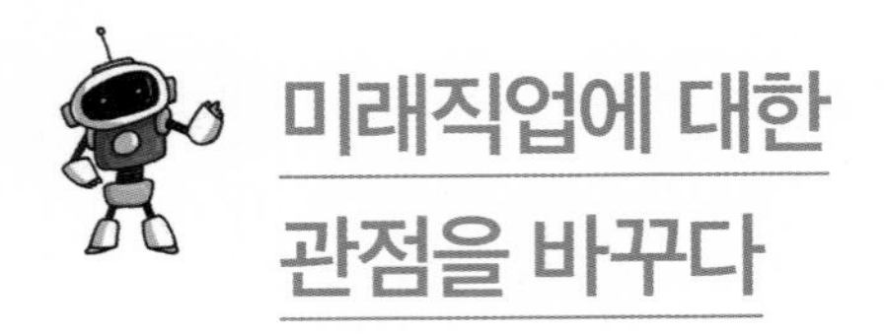

미래직업에 대한 관점을 바꾸다

기술 문명이 빠르게 발달하면서 우리의 미래 또한 한 치 앞을 내다보기 힘들다. 그 와중에 미래직업에 대한 담론은 지나친 이분법으로 말하고 있어 다양한 사고의 확장을 열어주지 못하고 있다.

"지금 너희들이 꿈꾸는 직업들은 대부분 미래에 사라질 거야. 정신 바짝 차리고 공부하지 않으면 살아남지 못해. 열심히 공부해!"

다짜고짜 부모와 교사들이 이렇게 말하는 것은 언어폭력에 가깝다. 한마디로 비전 파괴다. 즉흥적이고 단편적으로 접근해서는 좋은 결과가 없다는 것을 알지만 그들도 딱히 방법을 잘 모르기 때문에 다그칠 뿐이다. 이런 식의 대화는 '기-승-전-불안한 미래'로 귀결된다. 아니면 '뜨는 직업 vs. 지는 직업'과 같은 이분법이다. 이러한 이분법에 무엇이든 대입하면 결과는 비슷하다.

진로교육 현장에서, 그리고 가정에서 종종 이러한 이분법적 대화나 일방적으로 다그치는 경우를 접한다. 그때마다 안타까움을 느낀다. 더구나 자신의 소질과 적성을 차분하게 탐색하는 친구들에게 '전망이 좋은 특정 분야'를 받아들이는 것이 살길이라는 식으로 조장해가는 것도 문제다. 여러분이 직업에 대해 다양하게 사고할 수 있는 힘을 키우지 못하면 미래 변화에 무기력하게 쓰러질 수 있다.

시대는 이미 '인구론 인문학과를 졸업하면 90%가 논다'으로 흘러가고, '문송하다 문과라서 죄송합니다'고 말할 뿐이다. 이런 상황에서 한강공원에서 연날리기 대신 드론을 날리고 옆집 아주머니는 3D 프린팅으로 만든 피자를 맛보라고 초인종을 누른다. 오랜 시간을 거쳐 체계화된 진로 탐색으로 진로를 탐구해보기도 전에 빠른 속도로 몰려오는 새로운 미래 분야를 받아들여야 하는 상황이 펼쳐지고 있다. 이는 마치 오래 기다리던 스마트폰을 마침내 샀는데 구입의 기쁨을 채 누리기도 전에 새로운 기종과 기술이 등장해 내 것이 구식이 되는 비참함을 느끼는 것과 같다.

여러분은 현재 느끼는 미래직업에 대한 막연한 불안이나 이분법적으로 전망이 좋고 나쁜 직업 등에 초점을 맞출 것이 아니라 각자 타고난 강점과 소질, 적성을 통한 기존 진로교육 과정을 통해 미래직업을 찾아나가는 작업이 필요하다.

직업에 대한 고정관념을 버려라

모든 것에는 단계가 있듯 진로 탐색 또한 단계가 존재한다. 먼저 현재의 진로교육 기반을 이해하고 그다음 미래직업에 대한 통찰을 익혀야 한다. 이때 단순히 미래직업의 나열을 넘어서 미래직업에 대한 희망을 갖는 것이 필요하다.

선생님이 한 학생에게 물었다.

"꿈이 뭐니?" 학생이 야심차게 답한다.

"소방관이요!" 이 말을 듣고 선생님이 말한다. "소방관은 미래에 사라질 직업이야. 더 이상 인간이 불을 끄지 않아도 되는 세상이 올 거야. 로봇이 불을 끄는 거지. 그러니까 꿈을 바꾸는 게 좋을 거야."

같은 상황에서 다른 선생님은 반응이 다르다.

"꿈이 뭐니?", "소방관이요!"라는 대답을 듣자 "왜 소방관이 되고 싶은데?"라고 나긋한 목소리로 사고를 자극한다. "그냥… 멋있잖아요"라고 상황을 모면하려는 단답형을 꺼내는 학생에게 "어떤 게 제일 멋있어?"라고 또 묻는다.

답변을 머뭇거릴 때 "소방관 아저씨가 정복 유니폼을 입고 있는 모습을 본 거니?"라고 학생의 생각을 쉽게 풀어갈 수 있도록 도와준다. 학생은 "그건, 아니고요. 언젠가 실제 불난 곳을 지나가다가 불을 끄고 사람을 구하는 소방관의 모습을 본 적이 있는데, 그 장면이 멋있어 보였어요."

선생님은 학생의 답변에 꼬리를 물고 다시 질문을 던진다. "바라보기에는 멋있어 보이지만, 막상 매일 그런 일을 하는 분들은 도대체 어떤 마음으로 그런 위험한 일을 자신의 직업으로 받아들였을까?" 학생은 자신도 모르게 대화에 빠져든다. "희생정신? 아니면 어떤 사명감으로 일하는 게 아닐까요? 뭐 그런 느낌 있잖아요." 선생님은 학생의 눈을 정면으로 그러나 다정한 눈길로 바라보며 묻는다. "그럼 너 역시 그런 사명감, 희생정신을 가진 소방관이 되고 싶은 거니?"

다소 진지하게 던진 이 질문은 정말 학생의 마음속 생각이 궁금해서 던진 질문은 아니다. 오히려 학생의 마음에 질문이 말하는 메시지를 심어주기 위한 질문이다. 이 질문에 학생은 "네 맞아요!"라고 답할 수밖에 없을 것이다. 정말 그런 이유로 소방관이 되려고 했다기보다는 "사명감을 가진 소방관이 될게요"라고 다짐에 가까운 답변이다.

여기까지는 오프닝이고 이제부터 미래직업관에 대한 이야기가 펼쳐진다.

"그런데… 어떡하지?"

"뭐가요?"

"네가 커서 소방관이 될 때가 되면… 어쩌면…."

선생님은 다소 난감한 표정을 짓는다. 그러나 특유의 미소를 유지해 학생이 불안하지 않게 한다.

"어쩌면 뭐요?"

"네가 소방관이 될 때쯤이면, 소방기술과 여러 가지 미래기술이 직업현장을 바꿔놓지 않을까? 정말 지금처럼 소방복을 입은 사람이 위험을 무릅쓰고 불구덩이로 들어갈까?"

"아, 그렇죠. 맞아요. 제가 생각해도 미래에는 어쩌면 드론이 불을 끄거나, 로봇이 끄고 있을지도 몰라요."

"정말 그렇게 예상하니?"

"네."

"아무리 미래라고 해도 불이 나는 상황이나, 사람이 위험에 처하는 상황은 발생하겠지?"

"그건 그렇죠."

"그러면 혹시 사람을 돕고, 희생정신과 사명감을 가지고 화재현장에서 사람을 구하고 싶은 너의 마음은 그때가 되어도 변함이 없을까?"

"그것도 그렇죠. 하지만 그럼 뭐해요. 드론이 불을 끄는데요. 소용없어요."

"퀴즈 하나 내볼게. 이건 사고력 문제이다. 잘 들어봐. 4가지 조건이 있다. 불이 난 현장이 있고, 위험에 처한 사람도 있고, 그리고 소방기술을 갖춘 드론이 있다. 자, 여기에 그런 화재로 위험에 처한 사람을 도울 마음과 열정, 그리고 신체조건을 갖춘 사람도 있다. 이 4가지 조건을 이해했지? 그럼 이 사람이 화재현장에서 실력을 발휘해 사람을 구하려면 무엇을 준비하거나 배워야 할까?"

"그야 소방 드론을 잘 다루면 되죠."

여기까지 대화가 진행되니, 학생의 표정이 천천히 밝아졌다. 웃음기가 돌아왔다. 선생님은 지긋이 웃으며 기다린다. 뭔가 떠오른 것을 이야기하기를 기다리는 눈치다. 학생이 소리친다.

"소방 드론 전문가요!"

"갑자기 무슨 말이니?"

"소방 드론 전문가를 직업으로 하면, 저의 꿈은 바뀌지 않아도 된다고요!"

선생님은 손을 들어 학생과 하이파이브를 했다.

"미래에 네 꿈은 사라졌을까?"

"아니요. 제 꿈은 더 멋지게 미래변화에 응용되었어요!"

"그렇다면 직업 몇 개를 더 만들어볼까? 소방 드론을 설계하는 사람은?"

"소방 드론 설계전문가요!"

"그럼, 그런 꿈을 가진 소방 드론 전문가들을 양성하는 교육을 한다면?"

"소방 드론 교육 전문가요."

"만약 소방 드론이 고장 나면?"

"소방 드론 수리 엔지니어요!"

학생은 생각에 날개가 달린 듯이 미래직업을 창조해냈다. '소방

드론 부품 공급원, 소방드론학교 교장, 소방드론 디자이너' 등 그 자리에서 단숨에 소방관을 미래직업에 대입하여 새로운 일자리를 만드는 일에 참여한 것이다.

이것은 내가 학생과 실제 나눈 이야기다. 학생은 미래직업에 대해 절망이 아닌 희망을 가지고 통찰할 수 있음을 알게 됐을 것이다. 절망은 기대감을 접게 하지만, 희망은 새로움을 창조하도록 돕는다.

내가 만난 학생이 소방관을 꿈꾸도록 도왔던 학교 진로교육에 박수를 보낸다. 이 학생에게 심겨진 힘을 '진로성숙도'라고 한다.

이후 학생이 자신의 기존 진로 미래변화에 대한 건강한 안목을 바탕으로 기술을 대입하여 소방드론전문가를 이야기한 것은 바로 그 속에 '미래대응력'이 형성되었기 때문이다.

이것이 미래 진로교육의 핵심이며 밥상머리 교육의 결정체이다. 이세돌과 알파고의 대국으로 전 인류가 두려움에 몸서리쳤던 기억이 생생하다. 그러나 영화 인터스텔라의 주인공은 말한다.

"우리 인류는 답을 찾을 것이다. 늘 그랬듯이"

이는 사실이다. 알파고 이후 우리는 잠시 당황했다. 그런데 몇 년 지난 뒤 바둑의 세계는 예상치 못했던 발전을 하고 있다. 이세돌을 우상으로 삼던 바둑인이 인공지능 바둑 프로그램으로 독학하여, 이세돌을 꺾는 일이 일어난 것이다.

사실 이는 데자뷰이다. 인공지능 체스 프로그램이 인간 체스왕

카스파로프를 꺾었던 충격의 사건 이후 체스 세계는 놀라운 발전을 이루게 된다. 카스파로프는 말한다.

"'약한 인간+기계+뛰어난 프로세스'의 조합은 어떤 슈퍼컴퓨터보다 강하다. '강한 인간+기계+평범한 프로세스'의 조합보다도 더 막강하다."

이것이 바로 미래대응력이다. 결국 남는 문제는 단 하나, 개인의 관점에 따른 반응의 선택이다. 변화 앞에서 긍정적인 관점으로 기회를 찾으려는 태도의 선택이 중요하다.

미래 변화에 대한 긍정적 관점

누구나 한번쯤은 4차 산업혁명이라는 말을 들어봤을 것이다. 도대체 4차 산업혁명은 무엇일까. 2016년 세계경제포럼에서 향후 세계가 직면할 화두로 '4차 산업혁명'을 던지면서 전 세계적으로 논의를 촉발시켰다. 그해 이세돌과 인공지능 알파고와의 바둑 대결이 열리면서 4차 산업혁명에 대한 관심을 증폭시켰다. 그러나 여전히 4차 산업혁명이 무엇인지에 대한 개념이나 이론, 실체는 없다. 세계경제포럼 회장인 클라우스 슈밥은 『클라우스 슈밥의 제4차 산업혁명』에서 인공지능, 로봇, 빅데이터와 클라우딩, 3D 프린팅과 퀀텀 컴퓨팅, 나노 및 바이오 기술 등에 의한 물리학과 디지털과 생물학의 융합이 사회 전 분야에 변화를 불러오고 있으며 발상의 혁명적 전환이 필요하다고 강력하게 주장한다.

여러분은 이러한 미래에 어떻게 반응해야 할까. 기계가 일자리를 대신한다는 소식을 들으면 당연히 위축되고 불편한 마음이 들

것이다. 하지만 지레 겁먹지는 말자. 어차피 닥칠 미래라면 수용하면서 더 나은 길을 찾으면 된다. 중요한 것은 변화를 받아들이는 태도다.

강연 중에 미래 일자리의 변화를 보여주고, 학생들에게 2가지 선택지를 주었다. 정말 이런 미래가 온다면, 나의 진로 고민은 어떻게 해야 하는지에 대한 반응을 알아보는 활동이었다.

"큰일이다. 왜냐하면… ", "괜찮아. 왜냐하면… "

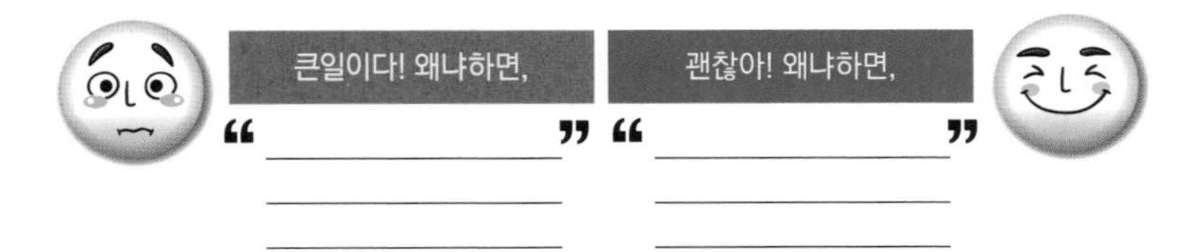

2가지 선택지를 두고 학생 한 명 한 명 인터뷰를 직접 해보았다. 다양한 답변이 쏟아졌다. 답변 결과, 어느 쪽이 많았을까? 자못 궁금했는데 '큰일이다!'라고 답변한 학생들이 더 많았다. 그 이유를 묻는 질문에는 자신의 직업을 기계가 대신할 것 같아 걱정된다는 답변이 가장 많았다. 하지만 '괜찮다'는 답변을 한 학생도 적지 않았다. "괜찮아요. 왜냐하면 어차피 기술의 변화는 우리가 편리해지는 것이니까. 그것은 그대로 누리면 되는 거잖아요. 단순한 일은 기계에 넘기고, 나는 더 나은 일을 찾아야죠 뭐." 마치 남 얘기하듯이 웃으며 말한다. 가볍게 던지는 말이었지만, 그래도 나는 희망을 보았다. 어른들도 쉽게 꺼낼 수 없는 통찰이었기 때문이다. 결국 긍정적인 태도를 가진 사람이 미래를 멋스럽게 살아갈 것이다. '내가 하는 일을 기계에 빼앗기면 어떡하지'라며 벌벌 떨어보았자 더 나은 미래는 보이지 않는다.

결국 남는 것은 선택의 문제, 태도의 문제이다. 매일 뉴스에서는 미래에 관련된 정보가 쏟아진다. 그런 뉴스를 접할 때마다 학생들의 반응은 엇갈린다.

"스마트시대, 스마트교실이 되면 종이교과서는 전자교과서로 바뀌고, 가정에서도 모바일로 교육을 합니다… 한편, 출생률 저하로 학생 수가 줄겠습니다"라는 기사가 눈길을 끈다. 그러면 한쪽 부류의 학생들은 '교사의 꿈도 끝이구나'라고 반응한다. 그런데 다른 소수의 학생들은 완전히 다른 반응을 보인다. '스마트교실의 환경과 기술을 공부한다면, 분명 새로운 교육전문가의 기회가 있을 거야.' 또 다른 뉴스가 나온다.

"유비쿼터스 시대가 오면 가정에서 원격의료가 가능합니다." 이 기사를 접하고 한쪽 부류의 학생들은 "의사의 꿈도 접어야겠구나"라고 반응한다. 하지만 또 다른 부류의 학생들은 '홈 주치의, 개인 주치의, 원격 주치의 등 분명 의사로서 새로운 영역과 역할이 있을 거야'라고 반응한다. 완전히 정반대의 반응을 보인다.

"무인항공과 드론의 시대가 오고 있습니다"라는 기사가 나온다. 한편에서는 "조종사 일자리는 없어지겠구나"라고 반응한다. 다

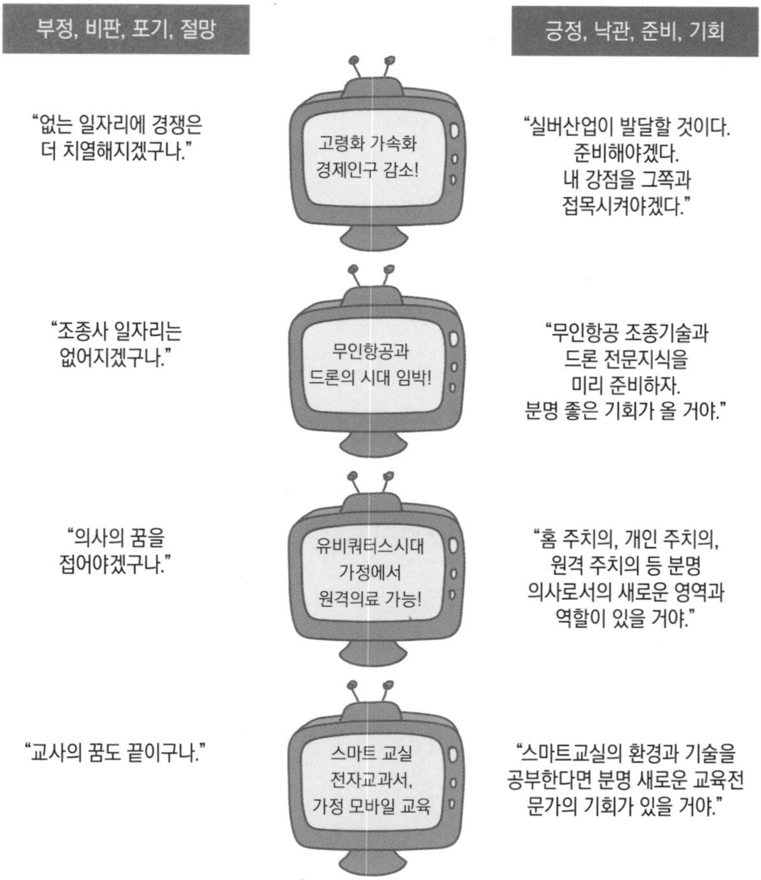

부정, 비판, 포기, 절망		긍정, 낙관, 준비, 기회
"없는 일자리에 경쟁은 더 치열해지겠구나."	고령화 가속화 경제인구 감소!	"실버산업이 발달할 것이다. 준비해야겠다. 내 강점을 그쪽과 접목시켜야겠다."
"조종사 일자리는 없어지겠구나."	무인항공과 드론의 시대 임박!	"무인항공 조종기술과 드론 전문지식을 미리 준비하자. 분명 좋은 기회가 올 거야."
"의사의 꿈을 접어야겠구나."	유비쿼터스시대 가정에서 원격의료 가능!	"홈 주치의, 개인 주치의, 원격 주치의 등 분명 의사로서의 새로운 영역과 역할이 있을 거야."
"교사의 꿈도 끝이구나."	스마트 교실 전자교과서, 가정 모바일 교육	"스마트교실의 환경과 기술을 공부한다면 분명 새로운 교육전문가의 기회가 있을 거야."

른 편에서는 "무인항공 조종 기술과 드론 전문 지식을 미리 준비하자. 분명 좋은 기회가 올 거야." 심지어는 "고령화가 가속화되어 경제인구가 줄겠습니다"라는 기사를 들은 뒤에는 이런 반응도 나왔다. "없는 일자리에 경쟁은 더 치열해지겠구나."

어떤 학생들은 이렇게 말한다. "실버산업이 발달할 것이다. 우리가 어떤 직업을 가지건 그 방향을 실버산업과 접목하면 될 거야. 미래에는 노년층을 위한 서비스가 대세가 될 거야. 이것을 준비하면 충분히 가능성은 있어."

과연 어느 쪽을 선택할 것인가. 이쪽 아니면 저쪽, 부정적인 반응 아니면 긍정적인 반응. 결국 선택은 여러분의 몫이다.

직업을 바라보는 근본 시각이 달라진다

미래직업 세계에서는 다가오는 변화 앞에서 혹은 이러한 변화를 위기라고 표현하더라도 그 위기를 기회로 받아들일 수 있는 사람이 주인공이 될 것이다. 미래의 변화는 분명 위협이 될 수 있다. 거대한 절벽을 만들어낼 수도 있다. 하지만 여기에 기회를 더하여 변화를 만들어내는 것이 중요하다. 구체적으로 어떻게 위협에 기회를 더하여 변화를 만드는지 살펴보자. 간단한 미래의 일상 한 컷을 상상해보자.

'오전에 드론 택배가 배달되었다. 그중 하나는 피자 주문도 포함되어 있다. 엄마는 3D 프린팅으로 유기농 스낵을 만들어서 식탁에 올렸다. 간단한 간식을 먹은 후 가족은 무인자동차를 타고 할머니 집으로 이동했다.'

꿈만 같은 일이다. 하지만 이러한 시나리오에 부정적인 시각을 적용하면 드론 때문에 배달업 종사자는 직업을 잃을 것이고, 무인자동차로 택시운전사도 사라질 것이며, 요리사라는 직업도 종

말을 고할 것이다. 하지만 긍정적 시각으로 바라보면 달라진다. 반응은 선택하는 것이다. 이러한 위협 역시 기회로 여기는 사람은 일부러라도 변화를 다음과 같이 해석한다.

드론이 택배와 피자 배달

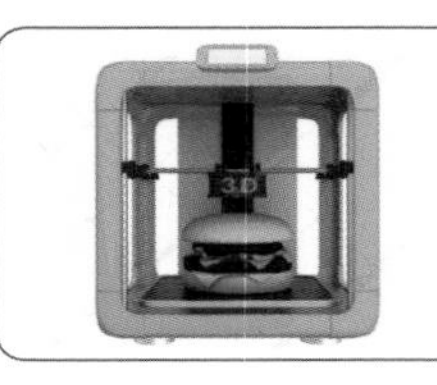

3D 프린터기로 만든 요리

구글이 완성한 무인자동차

"일단 단순하고 기계화와 겹치는 기능의 일자리는 양보하자." 변화를 수용해 버리면, 그다음은 가능성에 대한 탐색을 하게 된다. 그중에 긍정적인 기회를 실제로 잡는 것이다.

"무인자동차, 3D 프린팅기, 드론 등의 기술을 만드는 일자리는 어떨까?"

"그 기술을 다양하게 활용하는 일자리는 어떨까?"

"그 기술로 대체할 수 없는 일자리는 무엇일까?"

"그 기술을 포함하여 여러 다른 기술을 융합할 수 있는 일자리는 무엇일까?"

이것이 바로 반응의 차이, 선택의 차이이다.

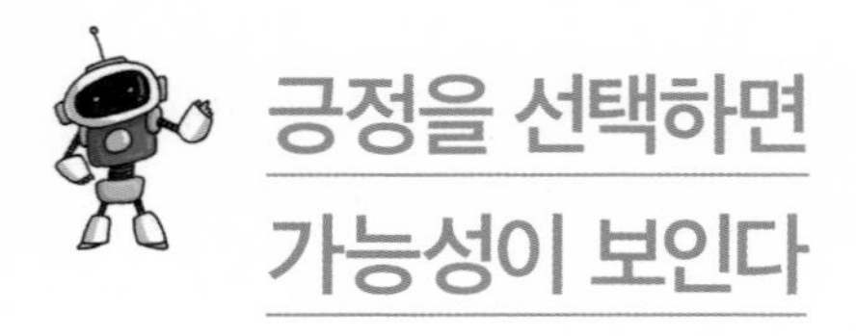

긍정을 선택하면 가능성이 보인다

진로컨설팅을 하면서 미래직업에 대한 학생들의 자세를 직접 경험한 적이 있다. 2030스마트교육이라는 유튜브 영상을 함께 보았다. 내용은 참신함을 넘어 충격적이었다. 미래의 학교가 어떻게 바뀌는지 한눈에 알 수 있는 자료였다. 자료를 본 후 학생들에게 2가지 미션을 주었다.

첫째, 영상을 참고하여 미래 학교 교실이 어떻게 바뀔지 구체적으로 시나리오를 짜볼 것.

둘째, 그러한 미래 교실이 주변 환경에 어떤 영향을 미칠지 브레인스토밍을 해볼 것.

2030스마트교육 영상에는 가정에서 원격교육이 이뤄지고, 어디서든 교사와 화상으로 교육이 가능하며 교과서를 홀로그램으로 볼 수 있는 세상이 펼쳐졌다. 지금은 상상하기 힘들지만 머지않은 미래에 학교는 그렇게 변해가리라 생각된다. 학생들은 제각

가정에서 원격교육

교사와 화상교육

교과서 홀로그램

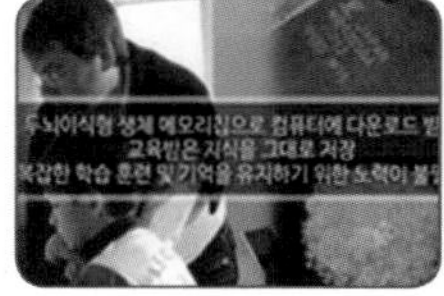
두뇌이식 생체칩

개인별 맞춤식사

웨어러블 맞춤교육

각 미래의 학교 풍경을 설명했다.

“미래의 교실은 ‘학교’가 아니라 ‘가정’에서 시작합니다. 교실의 개념이 공간적으로 확장됩니다. 학생은 일주일 중 며칠은 학교에 가는 대신 가정에서 원격교육을 합니다. 자신이 다니는 학교에 국한하지 않고 국경의 경계도 없이 다양한 교육 프로그램에 참여하거나 수강할 수 있습니다. 해당 학년에 꼭 들어야 하는 필수적인 이수과목을 수강하고, 나머지는 자신이 듣고 싶은 강의를 수강할 수 있는 시스템입니다. 그럼에도 학교가 있고, 담임교사도 존재합니다. 집에서 수업하는 동안 하루에 한 번은 꼭 담임과 화상교육을 일정 시간 진행해야 합니다. 어쩌면 그 의무가 바로 그 시간에 집에 있어도 되는 것을 허용하는 약속 및 조건과 같은 것이겠죠.”

같은 조의 다른 발표자가 내용을 이어갔다.

"학교 정문에도, 교실 좌석에도 칩이 내장되어 있어 학생의 출결이 확인됩니다. 당연히 수업 시작과 함께 출석을 부르는 일은 옛날 추억 속 이야기가 되어버립니다. 수업이 시작되자, 학생들 책상 위에 홀로그램 교과서가 실행됩니다. '지난 시간 어디까지 배웠지? 복습해볼까?' 하는 교사의 말은 더 이상 들을 수 없습니다. 두뇌이식 생체칩을 통해 지난 시간의 학습한 내용을 '불러오기' 할 수 있기 때문입니다. 과학실험 역시 홀로그램으로 실습합니다. 수업시간이 끝나 학생들이 화장실에 갑니다. 한 남학생이 소변을 보았는데, 그 소변의 성분을 분석하여 건강 상태와 필수 영양분 섭취 상태가 학교시스템을 지나 급식소로 전송됩니다. 점심시간에 그 남학생의 식판에는 다른 친구들에게는 없는 시금치가 듬뿍 나옵니다. 이른바 맞춤형 급식제공입니다. 참고로 학생들은 교실에 비치된 특정 도구들을 추가로 착용할 수 있습니다. 스마트 글래스, 스마트 워치 등입니다. 이를 통해 미술, 음악, 체육 등의 다양한 수업도 첨단과학과 함께 진행이 가능합니다. 놀랍게도 이런 스마트교실로 인해 수업시간에 잠을 자는 모습은 먼 옛날이야기가 되어버립니다."

발표자는 마지막 문장을 발표하면서, 귀여운 표정을 지었다. 믿기 어렵다는 표정일까. 아니면 정말 이런 세상이 되면 교실의 모습이 바뀔까 기대하는 표정이랄까. 내가 보기에는 이러한 모습은 충분히 가능할 것이라 생각한다. 국가에서는 스마트교육을 준비하는 과정에 시범 연구학교를 다년간 운영했다. 일부 연구학교를 중심으로 그 효과를 실험해본 결과, 스마트교육을 받은 학생들이 수업시간에 더 집중하고 적극적으로 참여하는 것을 확인했다. 이는 〈스마트교육이 학교 교육에 미치는 영향: 세종시 연구학교를 중심으로〉라는 논문에 이미 실린 바 있다.

두 번째 미션에 대한 발표도 있었다. 스마트교실이라는 미래형 학교의 모습이 과연 직업 세계에 어떤 변화를 가져올 것인가. 학생들의 토론은 뜨거웠다. 부정적인 변화가 많을 것이라는 의견과 긍정적인 변화가 있을 것이라는 견해가 팽팽하게 맞섰다. 먼저 부정적인 견해를 말하는 학생들의 언어를 그대로 소개해본다.

"가정에서의 원격교육이 일어나면, 결국 학교는 사라질 거야. 그리고 학원조차 사라질 거야."

"교사와 화상교육이 가능해진다면, 실제 교사는 소수 인원만 필요해. 따라서 교사라는 직업은 점차 소멸될 거야."

"홀로그램 교과서가 있다면, 일반적인 도서에도 적용이 가능해질 거야. 교과서를 만드는 출판사는 물론 일반 출판사도 사라지게 될 거야."

"두뇌이식 생체칩이 일반화된다면 어마어마한 변화가 생길 거야. 학습이라는 이름으로 행해지는 모든 교육활동은 없어지고, 관련된 전문가, 직업도 사라질 거야. 무지 많은 직업이 다 사라지겠지. 우리나라의 그 어마어마한 사교육 비용도 이제 들지 않을 거야."

“학생 개인별 맞춤 식사가 제공되는 시스템이라면, 도시락기업, 푸드기업도 역시 문을 닫겠지.”

“스마트 글래스, 스마트 워치 등 웨어러블 맞춤교육이 가능해진다면, 학습도구를 제작하는 직업, 그것을 유통하는 직업, 관련 서비스 업종은 모두 사라질 거야.”

매우 비판적이고, 냉소적이며 회의적인 시각이다. 그런데 나름의 논리가 있다. 가능성도 있다. 이 학생들 중에는 교사를 꿈꾸는 아이도 있고, 나와 같은 교육컨설팅을 하고 싶다는 아이들도 있었다. 아이들은 자신의 발표가 결국 자신의 미래를 암울하게 만드는 내용이라는 사실도 알고 있을까.

완전히 다른 견해를 가진 학생들도 있었다. 이 학생들은 발표를 시작하면서 스마트교육, 스마트교실의 개념부터 설명했다. 개념을 정확하게 이해하고, 스마트교육의 근본 취지를 이해하려는 노력이 필요하다는 이유에서이다.

“스마트교실을 단순히 기술의 변화로만 이해하는 것은 숲을 보지 못하고 나무만 보는 것입니다. 우리는 변화의 전체 숲을 보는 연습을 해야 합니다. 일단, 미래 교육을 대변하는 ‘스마트교육’에 대한 오해부터 바로 잡아야겠습니다. 스마트교육은 단순히 ‘스마트 기기’를 말하는 게 아닙니다. S.M.A.R.T는 자기주도적으로, 흥미롭게, 수준과 적성에 맞게, 풍부한 자료 중심으로, 정보기술을 활용하는 교육을 말하는 겁니다. 스마트기기는 그 마지막 단어인 Technology일 뿐입니다."

학생들은 개념을 정의한 후 앞선 학생들과는 다른 방향에서 발표를 진행했다. 정말 '숲'을 보려는 노력을 의도적으로 했다고나 할까.

"기술의 변화를 통해 일어나는 직업 세계의 변화를 살피기 위해서는 보다 넓은 시각으로 대상을 바라보아야 한다고 생각합니다. 스마트교실을 단순히 교실 안에서의 기술 변화로만 보지 않고, 교육 현실 전반의 변화로 보고자 했습니다. 왜냐하면, 직업의 변화는 그렇게 단순하지 않습니다. 전체적인 상관관계 속에서 일어나는 것입니다.

미래에는 분명 교육 현장에서 기술 혁신이 일어날 것입니다. 그런데 기술 혁신과 동시에 주변에 다른 변화들이 함께 일어나게 될 것입니다. 고령화와 저출산이 심화되어 학교에 실제 학생이 많지 않은 결과를 예상해볼 수 있습니다. 국가 입장에서는 당장 인구를 조절하기가 쉽지는 않을 것입니다. 따라서 예산을 사용하여 적은 수의 학생들을 책임지고 교육하는 정책을 펼 것이라 예상합니다. 기술 혁신을 기본으로 하는 교육 혜택을 주고, 가난한 이들을 위한 교육복지도 늘려서 정말 많은 학생이 꼼꼼하게 교육 혜택을 누릴 수 있는 정책을 펼 것이라 예상합니다.

그럼 교사는 어떻게 될까요? 기술이 발달했다고 단순하게 교사를 줄일 것이라 생각하지 않습니다. 교사 한 명당 담당할 수 있는 학생 수를 줄여서 더 높은 수준의 코칭과 교육을 할 것이라 생각합니다. 오히려 교사를 더 뽑아, 오프라인 교사, 원격교육 교사, 관리교사, 수업교사 등 입체적인 교육을 위해 더 신경을 쓰지 않을까요? 일자리를 창출하는 효과도 있고요. 물론 이것은 우리의 생각이고, 우리가 생각한 미래교육 변화와 직업변화 시나리오에 불과합니다. 어쩌면, 이렇게 되기를 희망하는 마음을 담았다는 점도 말씀드리고 싶습니다."

한 치 앞의 미래도 내다보기 힘들 만큼 변화무쌍한 시대를 살고 있다. 이날의 학생들처럼 여러분도 4차 산업혁명을 맞아 미래가 어떻게 달라질지 예측해보는 시간을 가져보자. 내가 관심 갖고 있는 분야를 중심으로 미래 예측을 하다 보면 진로 탐색을 하는 데 큰 도움이 된다. 이때 어떤 시각으로 미래 변화를 바라보는 것이 좋을까?

미래 변화를 미래의 직업 변화로 풀어갈 때 긍정적 시각으로 바라보면 다양한 가능성으로 이어진다. 만약 교사를 꿈꾸는 학생이 있다면, 미래 교실의 변화를 예상하고 2가지 선택의 기로에 설 것이다. 교사가 아닌 전망이 좋은 다른 직업으로 바꿀 것인가, 아니면 교사의 꿈을 유지한 채 미래 변화에 필요한 역량을 준비할까. 부정적인 시각이라면 미래 교실의 변화를 보며 교사라는 직업이 사라질 것이라 보고 꿈을 바꾸어야 할 것이다. 그러나 미

꼭 필요한 고민

진로를 바꿀까?
+
변화에 필요한
역량을 준비할까?

래 교실의 변화를 긍정적 시각에서 해석한다면, 미래에 어떤 변화가 오더라도 교육전문가로 살 수 있는 방법을 찾을 수 있을 것이다.

미래 변화를 통해 직업의 외적, 내적으로 어떤 변화가 있을지 상상해보고 현재 무엇을 준비해야 할지 떠올려본다. 앞서 예를 든 교사라는 직업을 살펴보면 내적, 외적으로 학생들은 다음과 같은 변화를 예상했다.

교사의 내적·외적 변화 개별 맞춤교육, 교사 1인당 학생 수 축소, 개인별 수준 교육, 교육 1인당 소수학생, 교원을 학습코치화, 디지로그형 입체교육 등.

학교 현장의 내적·외적 변화 교사 학생 간의 원격수업, 연구실과 집의 네트워킹, 학생 개별맞춤 교육 시스템, 생애교육 책임지는 시스템, 고급코칭이 가능한 교육 등.

학교 이외 교육 관련 직업의 내적·외적 변화 학습 코디네이터 등장, 생애진로 일대일 코치 등장, 스마트교육 컨설턴트 등장, 교육 클리닉 주치의 등장, 국가 인정 홈스쿨교사 등장 등.

이러한 내적·외적 변화를 살펴봤다면, 지금 현재 무엇을 준비해야 할 것인가. 더 정확히 표현한다면 어떤 역량을 키울 것인가가 중요해진다.

- 원격교육에 대비하여, 화상수업역량, LMS사용능력 준비
- 학생 개별 맞춤교육 시스템에 대비하여, 학생개별 관리능력 준비
- 홈스쿨, 네트워크 수업에 대비하여, 자기주도학습 역량 준비
- 고급 코칭이 가능한 교육에 대비하여, 티칭과 코칭 능력 준비
- 학습 코디네이터 등장에 대비하여, 컨설팅과 멘토링 능력 준비
- 국가 인정 홈스쿨 등장에 대비하여, 선진국 홈스쿨 제도 연구 준비
- 생애진로 일대일 코치 등장에 대비하여, 학습 토탈 라이센스 준비
- 스마트교육 컨설턴트 등장에 대비하여, 미래교육용 기기친화력 준비

부정적인 프리즘을 돌리면 그 직업이 사라진다는 불안감에 시달리지만, 긍정적인 프리즘을 사용하면 이처럼 능동적으로 변화에 대응하고 대비하여 결국 변화를 주도하게 된다. 이 모든 것이 바로 미래 변화에 대한 반응의 차이에서 비롯된 것이다.

미래습관 #1	미래습관 #2	미래습관 #3
기회 포착 습관	직업 창조 습관	현재 실천 습관

미래습관 #1
기회 포착 습관

"개별 맞춤 교육"
"교사 1인당 학생 수 축소"
"개인 수준별 교육"
"교원 1인당 소수 학생"
"교원을 학습코치화"
"디지로그형 입체 교육"

미래습관 #2
직업 창조 습관

직업 내적 변화

- 교사 학생 간의 원격 수업
- 연구실과 집의 네트워킹
- 학생 개별맞춤 교육 시스템
- 생애교육 책임지는 시스템
- 고급 코칭이 가능한 교육

직업 외적 변화

- 학습 코디네이터 등장
- 생애진로 일대일 코치 등장
- 스마트교육 컨설턴트 등장
- 교육 클리닉 주치의 등장
- 국가 인정 홈스쿨티처 등장

미래습관 #3
현재 실천 습관

- 화상 수업 역량 강화
- 자기주도학습 연구
- 학생 개별 관리능력
- 티칭과 코칭 결합능력
- LMS사용 능력 강화
- 컨설팅과 멘토링 역량
- 생애진로컨설팅 연구
- 학습 토탈 라이센스
- 학습 클리닉 역량강화
- 미래교실 기기친화력

어떤 노력을 해야 할까

"뭐 별 일 있겠어? 다 잘 될 거야.", "카르페 디엠! 지금을 그냥 즐겨.", "미래는 미래의 몫이야. 미래는 아직 오지 않았어!", "미래는 정말 밝을 거야. 직업의 변화를 긍정적으로 생각하면 되는 거야.", "일본을 봐! 잃어버린 10년, 20년을 지나, 지금은 기업이 졸업생을 모셔 가잖아."

이처럼 생각하는 학생이 있을지도 모르겠다. 긍정적인 시각을 갖는다는 것이 막연한 낙관주의를 말하는 것은 아니다. 긍정적인 시각은 긍정적인 변화를 만들고, 긍정적인 변화는 구체적 실천을

동반해야 가능하다.

보다 직접적으로 말하면, 미래를 긍정적으로 바라보고, 직업의 변화를 예측했다면, 이를 위해 필요한 역량을 구체적으로 찾아내어 '지금부터 성실하게 준비하자'는 것이다. 역량을 준비하는 것이다. 변화를 바라보는 사람, 변화를 예측하는 사람은 근본적으로 변화 앞에 남은 시간을 역산하고 남은 시간을 곧 준비의 시간으로 인식한다. 여기서 건강한 긴장감이 발생한다.

무엇을 준비하고, 어디에 노력을 집중해야 할까. 무작정 열심히 해서 성공하는 시대는 지난 지 오래다. 노력의 방향이 중요하다. 각자가 원하는 진로를 찾아 구체적으로 변화를 탐색하고 거기에 필요한 역량을 갖추기 위해 필요한 능력이나 준비는 무엇인지 알아보자. 다른 한편으로 일상의 작은 노력, 소소한 습관, 그리고 현재 학교 공부 또한 미래와 관련이 있음을 인정하고 열심히 하자.

- 어떤 역량을 준비해야 할까.
- 필요한 경력은 무엇일까.
- 반드시 갖추어야 할 자격이나 과정이 있을까.
- 도움이 되는 경험은 어떤 것일까.
- 꾸준히 쌓아야 할 습관이 있을까.
- 지금 어떤 과목, 공부에 더 집중해야 할까.

자신의 적성에 따라 미래직업이 달라진다

진로를 탐색할 때 필요한 자기 발견의 핵심요소는 '흥미와 재능', 즉 좋아하는 것과 잘하는 것이다. 흥미를 파악할 때 주로 직업흥미유형 6가지 타입을 활용한다. 이는 '현장형, 탐구형, 예술형, 사회형, 진취형, 사무형'으로 나뉜다. 중고등학교에서 진로교육 시간에 질문지에 답한 적이 있을 것이다. 자신이 어느 유형에 속하는지 결과지를 통해 알 수 있다.

자신의 직업흥미유형에 따라 미래의 드론 관련 직업을 상상해보면 어떨까? 영화라는 주제로 먼저 연습을 해보자. 현장형은 영화 카메라감독을 하고, 탐구형은 영화학을 연구하며, 예술형은 영화음악을 만들고, 사회형은 영화마케팅을 하지 않을까? 진취형은 영화사를 경영하겠지. 그리고 사무형은 영화 관람객 수와 수익 배분 등을 관리하는 것은 어떨까. 이렇게 자신의 직업흥미유형에 따라 다양한 직종을 생각해볼 수 있다.

이번에는 고등학교 1학년 학생들에게 토론을 해보라고 했다. 각 반별 6명 정도의 진로 리더를 뽑고, 그들을 대상으로 하는 컨설팅 자리였다. 열정이 가득한 시기인데다가, 같은 진로흥미 성향을 가진 친구들이 모였으니 토론의 열기는 무척 뜨거웠다. 특히 현장형 학생들은 언성을 높이면서 누구보다 흥미로운 반응을 보였다. 대부분 자신의 꿈과 전공 분야를 충분히 파악하고 있는 상태였다. 현장형 학생들 상당수는 '경찰, 소방관, 체육교사, 스포츠 트레이너, 경호원' 등의 목표를 가지고 있었다. 이들의 미래 탐색은 자신들의 기존 진로 분야에 드론을 '직접 대입'하는 방식이 많았다.

"우리 현장형들에게 드론을 적용한 결과는 이렇습니다. 방범드론전문가, CCTV드론관리자, 우범지역드론관리자, 여성밤길안전 개인 드론 개발자, 소방드론전문가, 야간조깅 드론트레이너, 드론 보안전문가, 방범경호업체 드론관제사 등을 생각해보았습니다."

"대단한 아이디어구나. 너희들의 상상력은 그저 대충 떠올린 망상이 아니라 충분히 현실성이 있다. 그것을 증명하는 일이 벌어지고 있단다. 이미 영국의 보험회사에서는 '조명드론'을 개발하여 상용화 직전 단계에 있다. 가로등이 없는 길을 걷거나 운전하는 사람들을 위해 개발되었다고 해. 보험회사로서는 사고를 줄이는 게 회사 이익을 극대화하는 것이기에 이런 개발에 기꺼이 비용을 투자하는 것이란다. 작동 방법은 간단하다. 어두운 길을 걸을 때 스마트폰 앱으로 호출하면 드론이 마치 UFO처럼 날아와서 머리

위 상공을 환히 비춰주며 따라오지.”

다른 직업흥미 분야 그룹에서도 참신한 아이디어가 쏟아졌다. 꽤나 똑똑하다고 생각하는 탐구형 학생들은 매우 싱거운 토론이었다며 너스레를 떨었다. 자신들은 드론을 기초과학 차원에서 연구하거나, 드론의 다양한 활용에 초점을 둔 연구를 하겠다고 했다. 그리고 기회가 되면 그런 학문을 가르치는 일을 하겠다는 정도로 발표했다. 발표를 듣고 나는 발표 내용에 ‘통찰력 한 방울’을 살며시 떨어뜨려 주었다.

탐구형 학생들의 발표 내용은 연구하고 탐구하는 삶을 살고자 하는 청소년들의 전공 선택을 위한 3가지 방향을 정확하게 보여주었다. 발표에 근거하면 미래 드론 분야 직업은 3가지로 이루어진다. 기초과학 분야, 공학 분야, 그리고 교육 분야이다. 이를 학과로 표현하자면, 학문을 연구하는 드론학과, 이론을 일상생활에 적용하는 드론공학과, 현장교육을 위한 드론교육학과이다.

예술형 그룹의 상상력은 다른 그룹을 압도했다. 음악, 미술, 디자인 분야 학생들이 많아서일 것이다. 전투기에어쇼를 대신하여 ‘드론에어쇼 기획자’를 시작으로, 올림픽 스타디움용 대형 공간의 입체음향을 만들어낼 ‘이동형 스피커 드론 개발자’도 등장했다. 공기저항을 최소화하는 역학을 적용하는 드론동체디자이너 등 아이디어의 순도가 상당히 높았다.

이후 발표한 사회형 그룹은 드론 메신저 서비스, 드론 동호회

서비스 운영자, 드론교육강사 등이 나왔고, 도시에서 드론을 날리기 쉽지 않은 것에서 아이디어를 착안하여 드론 캠핑 매니저, 드론 야영장 서비스, 드론존Zone 운영자, 아울러 영화 〈헝거게임〉처럼 숲속 서바이벌 경기장에 드론을 결합시키는 상품을 제안했다. 심지어 드론이 일상화되면서 드론에 중독되거나 부작용이 발생할 것이라면서 드론 중독치료사라는 아이디어도 야심차게 발표했다.

지금까지의 발표를 조용히 듣고 있던 진취형, 일명 기업형 진로유형의 그룹은 발표를 앞두고 뭔가 작당모의를 하는 것 같았다. 그러더니 자신들이 토론한 결과를 적은 화이트보드의 내용을 갑자기 '싹' 지우는 것이 아닌가. 발표자가 천천히 걸어 나왔다. 왠지 모를 야심 찬 미소를 보였다. 그러더니 예상치 못한 내용을 발표했다. "우리 기업형 직업유형 그룹이 생각한 미래 진로 분야는 스케일이 좀 큽니다. 일단 빌딩 하나를 세웁니다. 여기에 앞에서 발표한 현장형 개발자 그룹에 1층을 내주고, 그다음에 발표한 연구자 그룹에게 빌딩 2층을 R&D 연구실로 내어줄 겁니다. 그다음에 발표한 엔지니어 그룹에게는 3층을 내주겠습니다. 그리고 드론 캠프 운영자들과는 별도의 파트너십 계약을 체결하겠습니다."

"와아~"

얄미운 녀석들이다. 남이 차린 밥상에 숟가락 하나 얹은 꼴이다. 그러나 틀린 말이 아니다. 다소 얄밉긴 하지만 미래 기업가들의 '귀여운 허세'이기에 충분히 의미 있는 발표였다. 실제 기업가들은 인재를 찾으면 그 인재를 고용하는 것을 매우 중요하게 여긴다.

마지막 사무형 그룹은 본디 계획적이고 성실하며 꼼꼼한 관리형이다. 이들의 발표는 앞서 발표한 다섯 그룹의 무한한 상상력을 다시 수렴해 깔끔하게 정리해주는 역할을 했다.

"앞으로는 우리가 예측한 것보다 더 찬란한 드론의 세상이 올 것 같습니다. 만약 여기에 '질서'가 없어지면 자동차 교통사고보다 더 많은 하늘사고가 발생할 것이며, 무분별한 드론 남용으로 더 많은 폐해가 발생할 수 있습니다. 따라서 국가 차원에서, 그리고 지방자치단체에서 드론의 개발, 소유, 판매, 유통, 임대, 운항, 수리 등을 세분화하여 관리하는 공무원 등이 생겨날 것으로 예상합니다. 우리 관리형 인재들에게도 충분히 많은 드론 일자리가 생겨날 것 같습니다."

이날 학생들은 현재까지 진로교육에서 받은 적성교육에 미래 직업을 더해 다양한 논의를 할 수 있었다. 뭔가 새로운 꿈을 꾸는 듯 학생들의 눈망울이 빛이 났다.

나의 강점을 알면 길이 보인다

초등 고학년 때부터 진로 탐색을 시작하고, 중학교의 자유학기를 지나, 동아리활동 중심의 고등학교 시절까지 열심히 달려서 자신이 좋아하는 일, 잘할 수 있는 분야를 찾아 전공을 택하고 대학 생활까지 마친 후 취업을 앞둔 상태에서 마구 흔들리기 시작한다. 오랜 진로 여행의 꽃을 피울 시기인데 예상치 못한 '4차 산업혁명'이라는 충격과 마주한 것이다.

'전공이고 뭐고 그만두고 직업교육원에 가서 '3D 프린팅' 교육이나 받아볼까?' 만약 이 학생이 돌잔치 때 잡은 연필과 법봉을 시작으로 여전히 교사나 판사를 꿈꾸고 있다면 무려 20년을 꿈꾸던 직업인데, 이제 대학졸업을 앞두고 그 오랜 꿈을 이룰 시기에 '전망이 좋은 3D 프린팅이나 공부할까'라는 생각으로 바뀐 것이다. 가슴 답답한 상황이지만, 현재의 변화 속도를 봐서는 이런 급격한 진로 전환을 무작정 반대할 수는 없을 것이다.

이 학생은 자신의 이전 흥미, 적성, 그리고 전공을 일단 덮고 새로운 시대에 각광받는 분야를 받아들인 경우이다. 괜찮다. 다만 기왕 그럴 거라면 떠밀리듯 받아들이지는 말자. 갑자기 뜨는 분야가 있다고 무작정 받아들였다가는 유행이 사라지게 되거나, 혹은 그것이 너무 일상적인 보편화가 이뤄지면 그때 또 고민이 시작될 것이다. 이것은 매우 중요한 통찰이다. 무언가 유행을 타기 시작할 때, 그것을 수용하고자 한다면, 2가지 변화를 미리 고민해야 한다. 유효기간이 짧을 수 있다는 것과 과도한 일반화가 되었을 때 차별화가 어렵다는 점이다. 그래서 진심으로 권한다. 가능하면 기존의 진로 탐색을 통해 발견한 자신의 강점과 다가올 미래 분야를 대응시키는 것이 최적의 선택이다. 갑작스런 변화는 기존 자기 탐색과 강점 발견이 탄탄하지 않다는 방증이다.

강점은 적성에서 나오는 말이다. 진로를 찾아갈 때 크게 좋아하는 것과 잘하는 것으로 출발하는데 이를 흥미와 재능이라고 쉽게 표현한다. 흥미를 파악하는 것을 진로흥미유형이라고 전문화하였고, 이를 파악하는 검사를 직업흥미검사라고 한다. 재능은 적성이라고 표현하며 이를 확인하는 검사를 진로적성검사라 한다. 일반적으로 좋아하는 것에는 심장이 뛰지만, 실제 진로는 좋아하는 것을 잘하게 되었을 때 그 분야를 추구한다. 좋아하는 것보다는 잘하는 것에 집중하는 게 냉정한 선택일 수 있다. 잘하는 것을 재능이라 한다. 재능 중에 자신이 타고난 소질과도 맞는 것을 '강점'이라 한다. 진로 탐색에서 가장 높게 치는 것이 바로 '강점'이다. 다중지능 8가지를 확인했을 때 높은 점수가 나온 상위 지능을 강점 지능이라 부른다. 기존 진로에서는 이러한 강점 지능에 근거하여 찾아낸 진로에 신뢰도가 높다. 신체운동지능, 음악지능, 논리수학지능, 공간지각지능, 인간친화지능, 언어지능, 자기성찰지능, 그리고 자연친화지능으로 대표된다. 자신의 강점을 알고 이를 통해 꿈을 찾은 학생들은 표정이 밝다.

"저는 신체운동지능이 강점이에요. 미래에 기계엔지니어가 되고 싶어요."

"저는 음악지능이 강점이에요. 커서 뮤지컬 무대연출을 하고 싶어요."

"저는 논리수학지능이 강점이에요. 수학교수가 꿈이에요."

"저는 공간지각지능이 강점이에요. 패션디자이너를 준비할 겁니다."

"저는 인간친화지능이 강점이에요. 저는 교사가 될 거예요."

"저는 언어지능이 강점이에요. 저는 변호사가 될 거예요."

"저는 자기성찰지능이 강점이에요. 저는 상담가로 살고 싶어요."

"저는 자연친화지능이 강점이에요. 저는 환경보호단체에서 일하고 싶어요."

현재의 진로교육에 충실한 진로 탐색의 결과이다. 물론 모든 학생이 진로교육을 통해 자신의 강점을 확신하고 이렇게 꿈을 말하는 것은 아니다. 진로교육을 잘 수용하고 자신의 꿈을 찾아가는 소수의 반응이다. 현재도 그렇지만 미래로 갈수록 자신에게 주어진 교육환경을 넘치도록 적극적으로 누리는 학생과 그렇지 못한 학생의 격차는 점점 더 벌어질 수밖에 없다. 그래도 학교진로교육을 정상적으로 성실하게 받은 학생이라면, 자신의 흥미와 재능, 강점을 토대로 꿈꾸는 직업 하나 정도를 말하는 게 가장 이상적이다. 이렇게 자신의 강점이 논리수학지능임을 파악하고, 고등학교 시절 수학퀴즈풀이 자율동아리를 만들고, 수리논술 창체동아리 정규 활동을 하며, 수학올림피아드에 나간다. 또 어떤 학생은 자신의 강점이 공간지각지능임을 깨닫고, 청소년 패션공모전에 참가하여 수상한다. 수학교사를 꿈꾸는 학생은 지역아동센터에서 결손가정의 아이들을 위한 수학 방과후수업 봉사활동을 한다. 변호사를 꿈꾸는 학생은 대학에서 주관하는 청소년 모의법정에 학교대표로 출전하고, 상담가를 꿈꾸는 학생은 또래상담 동아리를 만들고 심지어 청소년 학교폭력에 대한 소논문대회에 참가하여 학교생활기록부에 멋지게 한 줄 쓰기도 한다. 환경보호활동가를 꿈꾸는 학생은 동아리 친구들과 학교 앞 하천의 오염을 고발하는 UCC를 만들어 유튜브에 올리는 캠페인도 적극적으로 한다.

이쯤 되면 이들은 공교육에서 상이라도 줘야 하는 학생들이다. 학교 중심으로 꿈을 실천해온 삶에 보상이라도 받은 것일까. 이들은 모두 뮤지컬학과, 수학과, 의류학과, 교육학과, 정치학과, 심리학과, 언론학과 등에 수시합격을 했다.

이 정도로 살아온 꿈쟁이들이 하루아침에 자신의 분야를 접고, 미래에 전망 좋은 분야를 택하여 방향을 바꾸는 것은 과도하고 무리한 접근법이다. 미래에 태어나는 아이들은 이미 일상화된 변화 속에서 교육을 받고 꿈을 찾겠지만, 지금 여러분과 같은 청소년들은 갑작스런 변화를 맞는 세대로서 연착륙할 수 있도록 친절한 변화교육이 필요하다.

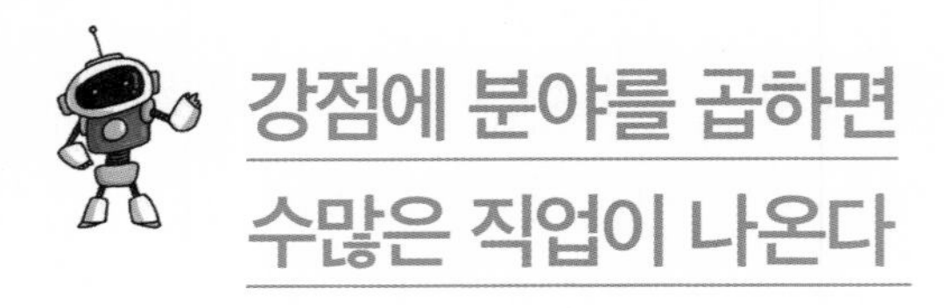

보통 사람은 8가지 지능을 모두 가지고 있다. 이를 다중지능이라고 한다. 그중에 강한 지능이 있고, 약한 지능이 있다. 일반적으로 강한 지능 3개 정도가 직업을 탐색할 때 유의미하다고 한다. 엄밀하게 따지면 이 3가지를 강점 지능이라고 한다. 따라서 강점을 기초로 직업을 탐색할 때는 3가지 강점을 모두 살펴서 교집합 또는 합집합으로 직업 분야를 찾아간다.

내 경우 언어지능, 인간친화지능, 자기성찰지능이 강점 지능이다. 내 직업은 강사이며, 작가이고 컨설팅을 주업으로 하는 변화에이전트이다. 이는 세 가지 강점의 교집합이기도 하고 또한 합집합이기도 하다. 기존 진로교육에서는 최대한 교집합을 찾는 데 집중했다. 다시 말해, 여러 관심 직업 중에서 좋아하기도 하고 잘할 수도 있는 직업의 교집합을 추린 후 타고난 강점과도 맞는 직업을 다시 따져보았다. 그런 후 성향 면에서 직업의 가치 면에서도 가장 맞는 직업을 최종적으로 추려 희망직업 하나를 찾았다. 하지만 미래 진로 탐색에서는 최대한 합집합에 주목한다.

어느 학생이 논리수학지능, 인간친화지능, 자연친화지능이 강점이라면 이는 '곱하기3'으로 보는 것이 미래지향적이다. 이 중에 공통적인 특징을 찾으려고 무리하게 몰아가거나 강점에 나온 각각의 직업 중에 인지도가 있는 직업으로 유도하는 것은 미래직업 탐색에는 부적합하다. 미래직업을 상상하는 경우, 3가지 강점을 모두 살릴 수 있다.

두 가지 그림을 상상해본다. 하나의 그림은 빙산 이미지이다. 기존 진로는 빙산의 모양으로 이해할 수 있다. 자신이 좋아하는 직업흥미 분야와 자신의 강점과 직업가치, 여기에 다양한 직업의

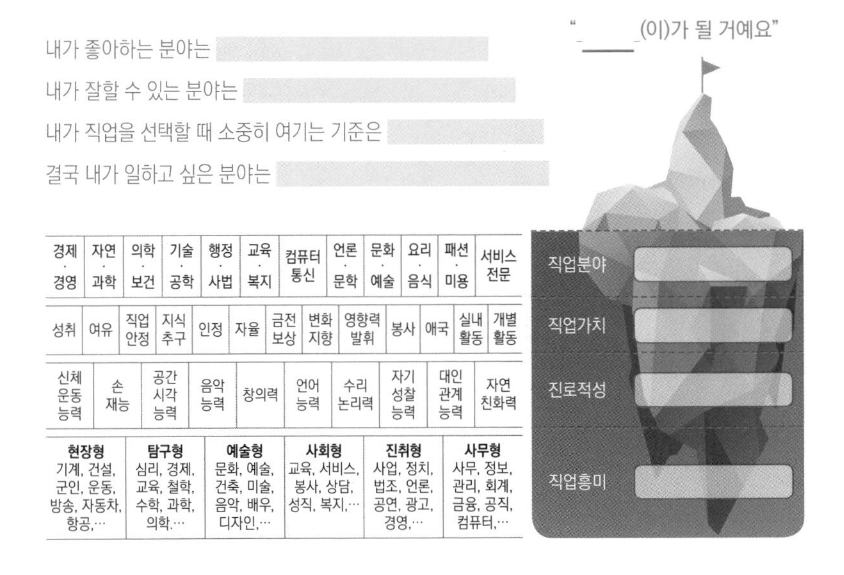

분야와 연관 지어 공통적인 일치점을 찾는 것이다. 이렇게 빙산의 수면 아래 깊은 탐색이 이루어진 후에 드디어 빙산 위에 올라오면 최종 깃발 하나는 꽂는 것이다.

"의사가 될 거예요." 이런 것이다. 오랜 탐색을 통해 하나의 깃발을 꽂은 다음에는 전국에 있는 상위 1%들이 같은 깃발을 꽂고 서로 경쟁하는 방식이다. 기존 진로교육은 정교한 수렴방식이었다.

다른 하나의 그림은 자신의 흥미와 강점, 가치와 분야를 곱하여 다양하게 확장한 그림이다. 이는 빙산의 이미지가 아니라 빌딩 이미지이다. 1층부터 모든 층이 수많은 의료 연구와 서비스로 가득 채워진 '미래형 메디컬센터'이다. 멋지지 않은가. 원격의료 전문가, 애완동물 주치의, 동물 커뮤니케이터, 의료관광 가이드, 장례유

의학 채널 프로듀서
실버 헤드헌터
실버타운 건축가
의료분쟁 대행사
의료 미술가
장례 기획자
생애이별 치료사
호텔 병원 관리자
의료 웨어러블 개발
건강 식탁 플래너
장례 유품 정리원
의료 관광 가이드
동물 커뮤니케이터
애완동물 주치의
원격 의료 전문가

품 정리원, 건강 식탁 플래너, 의료웨어러블 개발자, 호텔병원관리자, 생애이별 치료사, 장례 기획자, 의료 미술가, 의료분쟁 대행사, 실버타운 건축가, 실버 헤드헌터, 의학 채널 프로듀서 등이다.

직업은 무궁무진하다

어떻게 이런 확장이 가능할까. 앞에서 이미 가능성을 맛보았다. 공식으로 풀어보자. 논리수학지능을 강점으로 가진 사람이 자동차 분야에서 일을 하게 될 경우, 막상 그 직업 현장에서 일할 수 있는 분야는 매우 다양하다. 같은 자동차 분야이지만, 현장형은 엔지니어로 근무하고, 예술형은 자동차 디자이너로 일하며, 탐구형은 자동차 공학자로 일한다. 사회형은 자동차 딜러로 활동하고, 진취형은 자동차 기업을 경영하며 관습형은 교통통계 및 사고통계, 판매통계를 관리한다.

이렇게 각기 다른 자동차 분야 직업으로 설명할 수도 있지만, 다른 한편으로는 이를 회사 내 부서 개념으로 표현할 수도 있다. 자동차 회사에 입사한 뒤, 부서 배치의 차이를 말한다. 현장형은 정비부서, 탐구형은 R&D연구개발부서, 예술형은 디자인부서로 배치되고, 사회형은 영업 판매팀, 진취형은 총무팀 또는 경영지원팀, 그리고 관습형은 인사팀에 배치될 수 있다.

언젠가 실제 미래직업을 주제로 강연을 하던 중, 화면에 5개의 빌딩을 보여주었다. 가까운 미래의 직업을 빌딩으로 표현한 것이다. 미래의료빌딩, 미래교육센터, 미래실버타운, 3D&드론센터, 미래환경센터 등이다. 나름 미래 전망을 반영하여 빌딩의 종류를 선별했다. 자신이 꿈꾸는 직업 분야가 화면의 빌딩과 관련이 있는 학생들은 무대 위로 올라오게 했다.

무대에 올라온 학생들에게 미션을 주었다. 서로 상의해서 각 빌딩의 층별 안내 표지판을 채우게 했다. 자신이 꿈꾸는 분야와 관련하여 가까운 미래에 어떤 흥미로운 직업이 탄생할 것인지 분야별로 적어보게 한 것이다. 당시 강당에 있던 수백 명의 학생들이 한 명도 졸지 않고, 거의 눈에서 레이저가 나올 법한 표정으로 강의에 집중했다. 심지어, 어떤 분야는 무대에 올라온 학생들이 내용을 채우기 어려워하자 참다못한 다른 학생들이 무대에 뛰어 올라와 조언해 주기도 했다. 당시 대부분의 학생들이 빌딩 층수를 다 채우지 못했다. 당시 강연에 채워진 내용을 그대로 지면에 옮

의료빌딩	교육센터	실버타운	드론센터	환경센터
8F 의료 미술가	8F	8F	8F	8F
7F 의학채널 프로듀서	7F	7F	7F 드론 물류 배송원	7F
6F 의료분쟁 대행사	6F 구글 전자 도서관	6F	6F 드론 항공사	6F
5F 의료관광 가이드	5F 자기주도학습 센터	5F	5F 드론 CCTV 연구소	5F
4F 의료 웨어러블 연구소	4F 홈 스쿨 연구소	4F 실버 헤드 헌터	4F 드론 소방 방재원	4F 학교 환경교육전문가
3F 호텔병원 마케터	3F 홀로그램 교육 연구소	3F 실버타운 유비쿼터스	3F 드론 엔지니어링	3F 환경 생활 설계사
2F 동물 커뮤니케이터	2F 전자 교과서 연구소	2F 장례 유품 정리원	2F 3D 교육연구소	2F 환경 어플 개발센터
1F 애완동물 주치 센터	1F 스마트 러닝 센터	1F 생애이별 치료사	1F 3D 생활설계사	1F 기후 예보 전문가
B1 원격 의료 센터	B1 원격 교육 센터	B1 노인 평생 교육 센터	B1 3D 프린터 제작소	B1 개인환경 주치의

겨본다. 여러분이 한번 채워보면 어떨까.

확장된 직업에 미래 변화를 대입하면?

가령 의사라는 직업을 미래직업 변화 8개 원리8가지 대표적 미래변화 원리는 과학기술변화, 산업구조변화, 인구구조변화, 생활방식변화, 기후환경변화, 글로벌 환경 변화, 정책 제도 변화, 직업가치관변화에 대입해보면 어떤 일이 벌어질까? 실제 미래직업 수업에서 만난 의사를 꿈꾸던 학생의 발표를 소개해 본다.

보통 3~4개 정도의 변화 원리에 다중으로 해당되면, 각각 변화 원리에 대입하여 3개 이상의 다양한 미래직업이 탄생한다.

"의사를 인구구조 변화 원리에 대입하면, 저는 가정방문주치의, 실버타운 의료진이 될 겁니다."

"의사를 기술 변화 원리에 대입하면, 저는 원격주치의, 유비쿼터스 의료인을 꿈꿀 겁니다."

"의사를 기후환경 변화 원리에 대입하면, 저는 기후변화주치의, 환경질병전문가를 꿈꿉니다."

"의사를 생활방식 변화 원리에 대입하면, 저는 의료관광코디네이터, 동물주치의가 될 겁니다."

여기서 한 가지 놓치지 말아야 할 사실이 있다. 미래변화 앞에서 직업을 선택하는 방식에는 대표적으로 '변형, 창조, 융합, 변화'의 유형이 있다. 변형은 기존 직업에 미래 변화를 대입하였을 경우, 직업은 그대로 두고 내용을 바꾸는 것을 말한다.

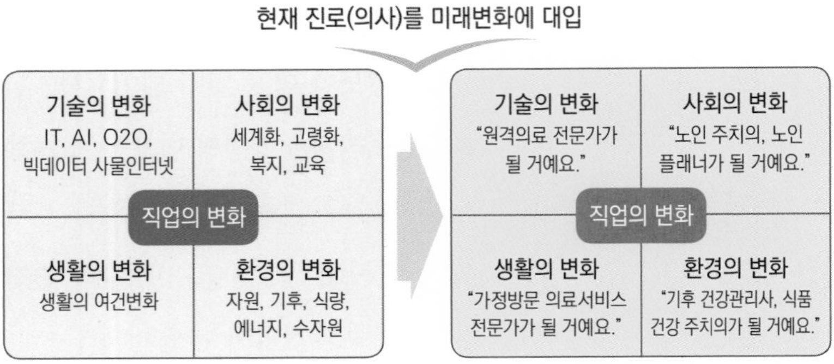

현재 진로(의사)를 미래변화에 대입

기술의 변화
IT, AI, O2O,
빅데이터 사물인터넷

사회의 변화
세계화, 고령화,
복지, 교육

직업의 변화

생활의 변화
생활의 여건변화

환경의 변화
자원, 기후, 식량,
에너지, 수자원

기술의 변화
"원격의료 전문가가
될 거예요."

사회의 변화
"노인 주치의, 노인
플래너가 될 거예요."

직업의 변화

생활의 변화
"가정방문 의료서비스
전문가가 될 거예요."

환경의 변화
"기후 건강관리사, 식품
건강 주치의가 될 거예요."

창조는 아예 새로운 직업을 만드는 것이다. 융합은 기존 직업과 다른 직업을 결합하여 미래 변화에 대응하는 것이다. 변화는 기존 직업을 내려놓고, 다른 직업으로 갈아타는 것을 말한다. 미래형 메디컬센터는 이렇게 탄생한다. 수많은 미래직업의 탄생을 보며 말도 안 된다고 할 수 있다. 하지만 우리가 상상해온 미래를 떠올려보자. 우리가 무엇을 상상했든 그 이상의 현실로 이뤄졌다. 기술의 변화가 미래 변화를 주도하고 있다. 일견 복잡해 보이지만 한편으론 자신의 강점만 잘 찾으면 무한한 진로 가능성이 펼쳐지는 것이다. 다시 말하지만 기존 진로는 정교한 수렴형 진로 탐색이고, 미래형 진로교육은 수많은 미래직업의 확장 모델이다.

PART 2

10대가 살아갈 세상, 4차 산업혁명 시대

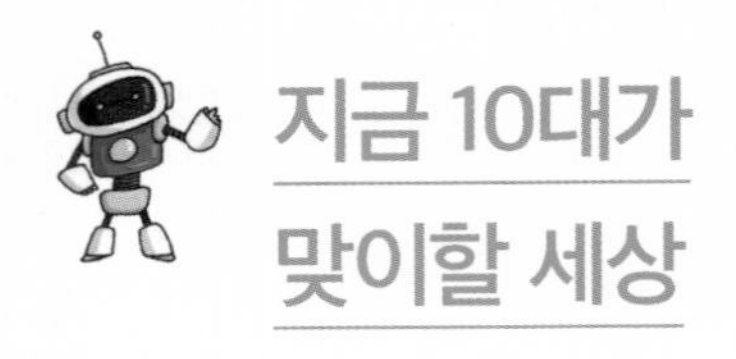

지금 10대가 맞이할 세상

진로를 주제로 하는 강연장에서였다. 학생 한 명을 무대로 불러 질문을 던졌다.

"화면을 보면서 꿈에 대한 질문에 답해주세요."

학생은 화면을 보면서 주섬주섬 빈칸을 채우며 말했다.

"저의 현재 꿈은 회계사입니다. 이 꿈이 이루어지는 시기는 아마도 30세 정도가 아닐까요? 아니, 아니요. 그때쯤 통일이 되거나, 군대는 용병들이 갈 테니까. 25세 정도로 할게요. 저는 매일 아침 대기업으로 출근을 할 겁니다. 5일 동안은 아마도 열심히 회사에서 일할 거고요. 주말에는 가족과 여행을 다닐 겁니다."

나는 여러 건물이 그려진 화면을 그 학생에게 보여주었다. 식당가, 방송국, 법원, 병원, 극장, 교회, 금융회사, 일반 기업, 마트, 은행, 신문사, 체육관, 출판사, 미용타운, 대학, 학교, 공항 등 대표적인 직업군이 반영된 건물들이다. 미처 못 넣은 건물도 있다. 학

나의 현재 꿈은,

이 꿈이 이루어진다면, 아마도 이때쯤이 아닐까?

나는 매일 아침 로 출근할 거야.

5일 동안은 아마 이렇게 일할 거야.

주말에는 가족과

내가 일하게 될 곳은 바로 여기야. 그림에 표시하고 소개해줄게.

생에게 자신이 일할 곳을 지목해 보라고 했더니 금융회사를 가리켰다. 자신이 일할 곳은 바로 이곳이라고 했다. 학생이 무대에서 내려가고, 청중을 향해 같은 질문을 던졌다. 미래에 자신이 일하고 있을 곳이 어디인지 가리켜보라고 했다.

화면이 바뀌었다. 동일한 배경인데, 방송국은 1인미디어, 1인개별방송국 시대가 이미 열렸다. 법원은 법률공용서비스와 인공지능법조시스템이 등장했다. 극장은 모바일 VOD와 가정용 VOD 시스템이 보편화되었고, 지금도 네이버스토어에는 일부 영화들을 극장과 동시에 컴퓨터 전송서비스를 한다.

병원은 원격의료가 일반화되고, 어렵고 정교한 시술은 로봇이 맡는다. 심지어 교회도 모바일 설교서비스가 일상화되었다. 금융의 회계 업무 등도 인공지능으로 대체되었고, 기업은 일부 단순 업무부터 기계와 로봇, 인공지능으로 대체했다. 은행의 창구 업무는 이제 과거 역사의 뒤안길로 사라졌고, 컴퓨터와 모바일로 은행 업무를 하고, 기존의 은행 건물에 가면, 무인 창구와 ATM만 존재한다. 마트는 이제 카트에 물건을 담고, 결제 통로를 지나면 자동으로 합산이 되어 결제까지 이루어진 뒤 스마트폰에 결제 내용이 동시에 뜬다. 신문사는 기사를 인공지능이 대체했다. 현장의 사건 취재는 시민들이 스마트폰으로 제본한 내용으로 모두 대체되었다. 이름하여 스마트언론이고, 기사 작성의 자동화 시대이다. 출판사는 출판의 전 과정이 자동화되었다. 전자책의 비중도 더 많아져서 종이책은 과거처럼 광범위하지 않다. 미용실에 가면 미용머신이 샴푸에서 커팅, 드라이, 마무리까지 풀옵션으로 진행한다. 심지어 미용머신은 고객과의 잡담까지 프로그래밍되어 있다. 대학은 이미 통합이 일상화되어 특화된 교육서비스만 남았고, 하버드 대학과 옥스퍼드 대학의 강의도 원격으로 수강이 가능한 시대가 되었다. 고등학교와 중학교 스마트교실이 현실로 이루어졌으며, 원격교육으로 일주일 중 절반은 집에서 화상으로 수업을 한다. 공항에서는 공항 전반의 서비스가 자동화되어 무인서비스가 많고, 무인항공도 상당 부분 현실화되었다.

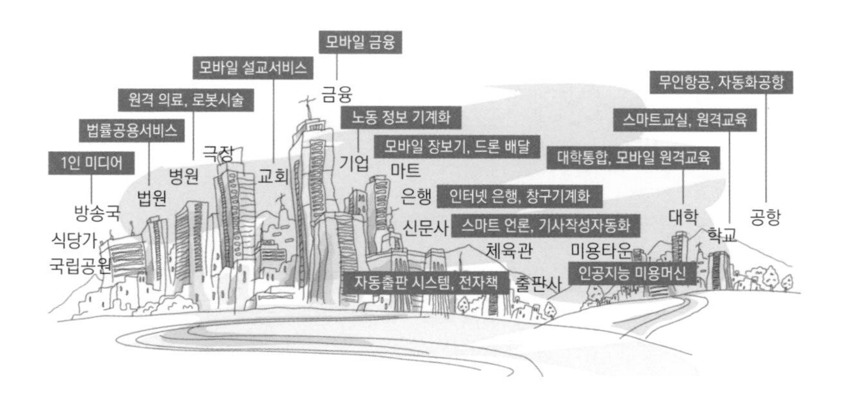

이러한 내용이 담긴 두 번째 화면을 보여주니, 무대에 올라 인터뷰를 하고 자신이 금융회사에서 일하고 있을 거라고 가리켰던 학생의 표정이 일순간 어두워졌다. 그런데 이상하게도 대부분의 학생들은 그렇게 심각해 보이지가 않는다. 표정을 보니 자연스럽게 내 머릿속에 이런 말주머니들이 떠올랐다.

'와이 쏘 시리어스. 그렇게 심각하게 말씀하실 거 없잖아요. 뭐 별일 있겠어요?'

'걱정 마세요. 저는 그럴 줄 알고 아예 꿈도 없어요. 그러니 충격도 없을 겁니다.'

'그때 되면 다 알아서 살길을 찾겠죠. 인류는 이렇게 역사를 만들어왔잖아요.'

'에이, 선생님, 그거 아주 먼 미래 이야기잖아요. 아직은 한참 멀었어요. 걱정 마세요.'

그렇게 생각할 수도 있다. 그러나 마지막 생각은 그냥 넘어갈 수 없다. 미래는 이미 현재에 와 있기 때문이다. 진로체험 활동 시간에 학생들에게 특별한 방학과제를 내주었다.

'우리 주위에 이미 존재하는 미래직업 현장의 변화를 직접 찾아가 두 눈으로 느끼고 경험하고 올 것!'

이미 미래는 우리 곁에 와 있다

우리 곁에 바짝 다가온 미래임에도 먼 미래라며 관심 갖지 않는 학생들이 있다. 세상은 빠르게 변하고 있다. 자율주행 자동차가 곧 등장할 것이고, 3D 프린팅으로 못 만드는 것이 없는 세상이 도래할 것이다. 그리 멀지 않았다. 여러분이 살아갈 세상은 부모나 교사들이 살아온 세상과는 분명 다를 것이다.

조금이라도 체험하고 피부로 미래 변화를 느낄 수 있도록 학생들에게 직업체험의 숙제를 냈다. 현장에 가는 것이 어렵다면 최대한 인터넷 조사를 통해 발표하라고 주문했다. 각 팀별 방문할 장소를 제비뽑기로 뽑았다.

- ○○은행 스마트라운지
- ○○택배 물류터미널
- ○○로터리 패스트푸드 무인주문대
- ○○동 ○○영화관 발권창구

• ○○구 ○○편의점 무인세탁소

○○은행 스마트라운지에서 일하는 창구 직원은 두 명에 불과하다. 특이한 것은 키오스크kiosk, 서비스와 업무의 무인자동화를 위해 대중들이 쉽게 이용할 수 있도록 공공장소에 설치한 무인단말기라고 불리는 무인단말기 한 대가 설치되어 있다는 점이다. 이것은 기존의 ATM 기계와는 분명 차이가 있다. ATM 기계는 단순한 입출금, 계좌이체 기능만 가능하지만, 이 새로운 기계는 적금 신규 가입, 체크카드 발급 등도 가능하다. 신분증을 투입하면 화면에 상담직원이 나타난다. 고객에게 화상으로 생체 인증하는 방법을 도와주고 고객은 시키는 대로 진행한다. 화면에 손바닥을 대면 정맥을 스캔한다. 이후 가입할 상품을 고르고, 설명서를 읽고, 다시 인증하는 절차를 따라가면 끝난다. 모든 과정이 10분 이내에 마무리된다. ○○은행은 전국 22개 지점에 이러한 무인단말기 26대를 운영하고 있다.

○○에 간 학생들은 햄버거 먹은 이야기에 더 흥분을 했다. 학생들이 찾아간 ○○ 매장에는 주문받는 직원이 오직 한 명뿐이다. 사람 대신 주문을 받는 기계가 4대나 있다. 사람 대신 주문을 받고 마지막에는 매장에서 먹을지 포장해서 가져갈지 화면을 누르면 마무리된다. 2~3분 후 주문번호가 알림판에 뜨면, 가서 받아오면 끝이다. 직원과 굳이 대화할 일이 없어 기계가 주

문을 처리한다고 해서 크게 불편한 점은 없다. 한국 ○○는 전국 250개 매장에 이런 무인결제 시스템을 도입할 예정이라고 한다.

○○영화관을 다녀온 학생들은 역시 그곳에서도 비슷한 경험을 했다. 직원이 직접 티켓을 발급해주는 계산대는 두 곳뿐이다. 대신 무인 예매 결제 기기가 무려 10대나 설치되어 있다. 예전 같으면 유니폼을 입고 모자를 눌러쓴 아르바이트 형, 누나 들이 있었는데, 이제 그런 아르바이트도 점차 없어진다는 것을 현장에서 두 눈으로 직접 보았다. 극장 측에서도 어쩔 수 없는 변화라고 말한다. 영화를 예매할 때 모바일로 하는 사람이 전체 중 36%라고 한다. 따라서 현장에서 직접 티켓을 판매하는 직원이 많을 필요가 없어진 것이다.

편의점은 말 그대로 우리의 편리를 위해 존재한다. 그런데 시대의 변화와 함께 우리 생활 전반에 '편리'가 최우선 가치로 등장했다. 늦은 밤 치킨이 먹고 싶긴 한데 혼자 먹기에 한 마리가 부담스러운 사람들을 위해 편의점은 치킨 조각을 선보였다. 식품 외에도 택배 서비스를 비롯해 현대인들이 편리한 삶을 사는 데 필요한 모든 것을 제공하고 있다. 이제 무인세탁시스템까지 도입했다. 작은 편의점 공간에서 새로운 세상이 펼쳐지고 있다. 물론 고객이 기기와 시스템을 이용해 알아서 처리해야 한다. 아르바이트생은 계산대 앞만 지키고 있다.

계산대 이야기가 나와서 말인데, 점차 전국의 마트와 판매매장의 계산인력은 기계와 시스템으로 대체될 가능성이 높다. 현재 대형마트에서 일부 계산대를 기기로 대체하여 셀프 결제로 운영하고 있다. 외국에서는 우리보다 일자리 변화의 속도가 더욱 빠르고 광범위하게 일어나고 있다. 미국의 월마트는 '스캔 앤 고'라는 무인결제시스템을 도입했다. 이 시스템 도입으로 사라질 계산대 직원은 7,000명으로 예상되고 있다. 미국 통계국은 무인계산 매장이 확산될 경우 미국 전체 계산인원 340만 명 중 75%가 일자리를 잃을 수 있다고 예상했다.

한편, 택배회사로 유명한 ○○의 물류터미널을 방문한 학생들은 멀리서 보기만 했는데도 입이 쩍 벌어졌다. 거대한 트럭에서 약 3,000개의 택배물건 박스가 나왔는데, 이것들이 컨베이어벨트를 통해 이동되더니 자동시스템으로 분류가 되는 것이다. 단 20분 만에 분류가 끝나 배송준비가 완료된다. 일반적인 택배물류터미널에서는 오전 7시부터 낮 12시까지 인력이 직접 눈으로 보고 분류를 한다고 한다. 그래서 첫 배송이 오후 1시 이후에 가능하다. 하지만 택배 자동 분류기를 이용하자, 1차 분류작업이 오전 9시 30분에 끝이 났다. 따라서 오전 10시에 첫 배송이 가능하다고 한다. 회사는 이러한 시스템을 전국 200개 물류 터미널에 설치한다고 밝혔다.

이 과제에 참여한 학생들은 너도나도 변화를 실감했다며 아우성이었다. 이제 여러분은 한번쯤 생각해본 햄버거 체인점 아르바이트조차 하늘에 별 따기가 된 세상에서 살아야 한다. 거부할 수 없는 흐름에 신뢰를 더할 만한 정보가 속속 등장하고 있다. 일부 방송국의 기자가 대학로 500미터의 유명한 가게 15곳을 찾아다니며 조사한 결과 28대의 무인주문기를 사용하고 있었다. 무인주문기 1대가 1.5명 몫을 한다는 기업분석 결과를 반영한다면, 이 거리에서만 42개의 일자리가 사라진 것이다.

직업 세계에서 미래 기술로 인한 변화는 먼 미래의 이야기가 아니라, 바로 지금 우리에게 일어나고 있다.

18년 전, 빌 게이츠의 미래 사회 예측

1999년에 빌 게이츠는 그의 저서 『빌 게이츠@생각의 속도』에서 15가지 미래 사회 모습을 예측했다. 그 당시 책을 읽을 때는 정말 말도 안 된다고 생각했다. 그러나 빌 게이츠가 말한 미래 사회 모습은 지금 우리 생활 속 현실로 자리 잡아가고 있다. 빌 게이츠는 자동화된 가격 비교 서비스가 개발돼 여러 웹사이트를 돌아다닐 필요 없이 가격 비교를 할 수 있게 된다고 했다. 현재 아마존과 구글은 물론 국내에도 다양한 가격 비교 사이트가 있다. 또한 사람들을 끊임없이 연락할 수 있게 해주며 어디에 있든지 전자적 거래를 할 수 있게 해줄 작은 단말기를 지니고 다니게 될 것이라고 봤다. 당시 없었던 스마트폰이나 태블릿의 등장을 예견한 것이다. 이 밖에도 빌게이츠의 예언은 거의 적중했다. '모바일 결제 및 온라인 대출, 스마트비서, 사물인터넷, 홈캠과 온라인모니터링, 소셜미디어, 위치기반 광고, 스마트TV를 통한 시청 중 인터넷·토론·배팅 서비스, 온라인 프로젝트 관리, 온라인 채용 서비스, 비즈니스 커뮤니티' 등 당시에는 상상조차 하기 힘든 미래 모습이 다 현실이 되었다.

이제는 우리가 무엇을 상상하든 '정말 가능할까', '너무 앞서가는 건 아닐까'라는 생각은 말자. 오히려 우리가 무엇을 상상하든 이미 개발 중이거나 지구촌 어디선가는 이미 현실로 이루어져 있을 것을 예상하는 게 미래 충격을 줄이는 방어기제가 될 것이다. 더 냉정하게 말하자면 '그것이 정말 이루어질까'를 의심하기보다는 '그것이 실제로 이루어지면 나의 일자리를 빼앗기지 않을까'를 염려하는 게 더 현실적인 의심이 될 것이다.

"드론이 설마 실제 물건 배달에 사용될까?", "드론이 설마 사람을 실어 나르지는 못할 거야."

이 두 가지 합리적 의심이 잠시 있었다. 그야말로 잠시 있었고, 우리가 미래에 나타날 그 무엇인가에 대해 의심할 수 있는 허용 시간이 점차 짧아지고 있다. 의심하는 족족 현실화되기 때문이다. 세계 최대 전자상거래업체 아마존은 드론을 이용한 첫 상업적 배달에 성공했다. 아마존은 영국 케임브리지 교외 지역에 사는 고객에게 아마존 파이어 TV 셋톱박스와 팝콘 한 봉지를 드론으로 배달했다. 아마존 드론은 2.17kg의 배달물을 주문 후 13분 만에 고객의 집 앞 잔디마당에 배달했다. 물론 드론 배송을 위해서는 상품의 무게가 5파운드를 넘지 않아야 하는 한계가 있다. 그런데 알고 보니 아마존의 배송상품 전체 중 87%가 5파운드 미만이다.

한편, 아랍에미리트UAE 두바이 상공에는 곧 중국산 택시드론이 날아다닐 것이다. 택시드론은 시속 100km로 500m 상공을 날 수 있다. 태울 수 있는 적재중량은 100kg 미만이어서 아직까지는 한 사람만 탈 수 있다고 한다. 운전사는 당연히 없고, 목적지를 입력하면 자율주행으로 승객을 목적지까지 태워다준다.

미래에 사라질 직업 & 살아남을 직업

현재 전국적으로 활동하는 전기 검침원은 총 3005명이다. 그들은 2020년이면 직업을 잃을 예정이다. 한국전력공사가 매월 한 차례 각 가정을 방문해 전력 사용량을 확인하는 '아날로그 검침방식'을 2020년 전면 디지털 전력계량기로 교체할 예정이라고 밝혔다. 이미 교체 사업을 점진적으로 진행 중이다. 전기 검침원처럼 디지털화, 기계화, 로봇화로 인해 20년 내에 현재 직업의 절반가량이 사라진다고 한다.

20년 내에 없어질 가능성이 높은 직업 순위를 살펴보자. 옥스퍼드대학에서 발표한 자료에 따르면, 텔레마케터는 99% 대체율로 1위에 올랐다.

회계사는 94%, 이후 순위로 소매 판매업자, 전문 작가, 부동산 중개인, 기계전문가, 비행기조종사, 경제학자, 건강 관련 기술자, 배우, 소방관, 편집자, 화학엔지니어가 이름을 올렸다. 심지어 그

다음 순위에는 성직자도 등장했고, 운동트레이너와 치과의사도 목록에 등장했다. 중하위권의 대체율은 낮은 편이지만, 목록에 올랐다는 그 자체만으로도 마음이 불편해진다.

한편에서는 “지루하고 반복적이면서 위험한 일을 로봇이 대체해, 사람은 더 가치 있는 일을 할 것입니다”라고 주장한다. 인공지능과 로봇이 대체할 수 없는 인간만이 할 수 있는 직업 영역으로 순위를 발표한 곳도 있다. 한국고용정보원은 “감성에 기초한 예술 관련 직업은 자동화 대체 확률이 상대적으로 낮다”라고 말하며 자동화로 대체될 확률이 낮은 직업을 발표했다. 1위는 화가 및 조각가이다. 2위는 사진작가 및 사진사이다. 3위는 작가 및 관련 전문가이다. 이후 순위는 지휘자, 작곡가 및 연주가, 애니메이터 및 만화가, 무용가 및 안무가, 가수 및 성악가, 메이크업아티스트 및 분장사, 공예원, 예능강사, 패션디자이너, 국악 및 기술감독, 배우 및 모델, 제품디자이너 순이다.

그러나 이런 직업 또한 안심은 금물이다. 마쓰바라 진 일본 공립 하코다테 미래대 교수는 AI를 활용해 쓴 4편의 단편소설 중 한 편이 문학상 1차 심사를 통과했다고 전했다. 당시 문학상 심사위원들은 그 작품이 AI가 쓴 것임을 사전에 알지 못하고 심사를 했다. 구글은 AI엔진에 3천여 편의 로맨스 소설을 읽혀 인간의 언어를 이해하도록 학습시켰다. AI는 소설 속 어떤 문장이 비슷한 의미를 담고 있는지 감지하고 언어 속 미묘한 차이를 파악하는 훈련을 통해 문장을 완성했다. AI가 1인칭으로 쓴 이 소설은 실제 자신을 AI로 인지하고, 반복적인 일상과 자신의 한계를 넘어서고자 소설을 쓰기로 결심하는 과정 그 자체를 소설로 쓴 것이다. 번역된 내용 중 일부를 소개한다.

> 그날은 구름이 낮게 깔리고 어두침침한 날이었다.
> 방 안은 항상 최적의 온도와 습도. 요코 씨는 단정치 않은 모습으로 소파에 앉아 의미 없는 게임으로 시간을 끌고 있다. 그렇지만 내게는 말을 걸지 않는다.
> 따분하다. 따분해도 어쩔 수 없다.
> 처음 이 방에 온 요코 씨는 기회를 틈타 내게 말을 걸어왔다.
> "오늘의 저녁식사는 무엇이 좋다고 생각해?"

물론 이후 언론을 통해 인공지능을 개발한 나고야대학 사토 사토시 교수는 인공지능의 소설쓰기 능력이 과장되었다고 말했다. 그럼에도 불구하고, 그 시도와 진행과정 그리고 우리가 읽었던 내용 그 자체는 충분히 충격을 줄 만하다. 한편, 구글은 마젠타라는 예술창작 AI를 통해 피아노곡을 작곡한 뒤 공개했다. 인공지능 작곡 프로그램 아야무스, 쿨리타 등이 이미 음원을 공개하기도 했다. 심지어, 인공지능 딥드림Deep Dream은 추상화를 그려 경매에 붙여 실제 판매했다.

우리의, 우리만의, 우리를 위한 영역이라고 여겼던 예술, 창작, 감성 분야나 직업조차 인공지능이 학습에 학습을 거듭하며 매일 진일보하고 있다.

물론 이 책의 앞부분부터 차분하게 읽은 독자라면, 이 정도 내용에 흔들리지는 않을 것이다. 왜냐하면 미래의 변화를 읽는 힘과 그 속에서 기회를 찾아 미래를 창조하는 태도를 연습했기 때문이다. 이미 우리 사회 곳곳에는 긍정미래학을 기반으로 한 전문인들이 존재한다. 그들은 매일 쏟아지는 '부정미래학' 즉 이분법적으로 위기를 조장하여 기존의 직업을 기술이 대체할 것이라고 겁주는 방식에 미소를 지으며 상황과 마음을 조율하고 있다. 보도채널 YTN의 '혁신코리아' 캠페인에 등장하는 변호사는 이렇게 말했다.

"보통 상상하기로는 변호가가 법정에 나가 변론을 하거나 아니면 고객과 상담하는 모습이 연상되겠지만, 실제로 한 80%는 서류를 쓰고 있거든요. 그런데 그 서류작업의 상당 부분을 컴퓨터가 대신하게 하는 것이 자동화기술의 핵심입니다. 사람이 기존에 하던 단순 반복적인 일을 기계가 대신함으로써 사람은 더 창의적이고 생산적인 일에 집중할 수 있을 겁니다."

이것이 바로 청소년을 위한 긍정미래학의 핵심이다. 기술의 혁신으로 변화를 있는 그대로 직면하되, 습관적으로 기회를 찾고, 의도적으로 긍정의 언어로 말하는 연습을 기대한다.

연결과 융합의 4차 산업혁명

청소년 여러분이 살아갈 세상은 부모 세대가 살아온 세상과는 차원이 다르다. 누구도 정확하게 어떤 미래가 펼쳐질지 예측하기 어렵다. 여러분이 진로 탐색을 하기에 앞서 4차 산업혁명이 무엇인지를 제대로 알아야 하는 이유다. 4차 산업혁명은 거스를 수 없는 대세로 자리 잡았다. 하루가 멀다 하고 4차 산업혁명이 검색어 순위에 오르내린다. 도대체 4차 산업혁명은 무엇일까?

산업혁명은 새로운 기술이 등장해 우리가 영위하는 삶의 방식을 획기적으로 변화시킬 때 붙일 수 있는 개념이다. 1차 산업혁명은 증기기관의 발명으로, 2차 산업혁명은 전기와 대량생산으로, 3차 산업혁명은 컴퓨터와 인터넷을 활용한 정보기술로 우리의 삶에 혁신적인 변화를 가져왔다. 인공지능으로 대표되는 4차 산업혁명의 핵심 키워드는 '연결'과 '융합'이다. 전문가들은 정보통신기술의 발달로 과학기술이 융합되어 개인뿐 아니라 기업, 경제,

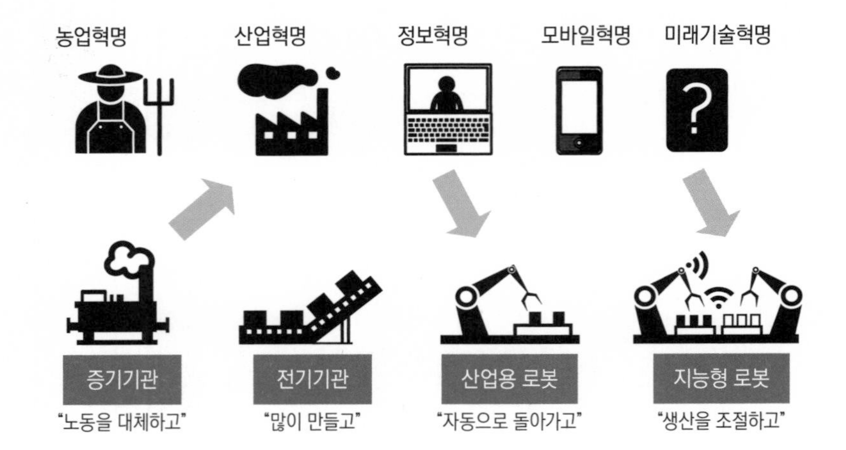

사회에 혁신적인 변화를 몰고 올 것이라고 내다봤다. 기술 융합이 기존의 일하는 방식이나 소비 형태, 생활방식 전반에 걸쳐 지각 변동을 일으킬 것이라고 전망한다.

고등학교 발명동아리 학생들과 함께 동아리 연구 아이템을 선정하는 토론을 진행한 적이 있다. 3주에 걸쳐 리서치와 토론을 반복하고 내용을 축적해가는 수업이었다. 첫 만남이 끝날 무렵, 한 학생이 앞서 일어난 세 차례 산업혁명과 네 번째 산업혁명을 압축하여 발표했다.

"증기로 기계를 움직이는 첫 번째 산업혁명, 전기로 더 큰 기계를 자동으로 돌리던 두 번째 산업혁명, 컴퓨터와 프로그램으로 그 기계들을 제어하던 세 번째 산업혁명을 지나, 이제 네 번째 산업혁명이 시작되었습니다. 네 번째 혁명의 키워드는 '융합과 연결'입니다. 과거의 혁명은 기술 그 자체의 혁신이었습니다. 그런데 이번에 우리가 만나게 될 혁명은 기술이 우리 일상으로, 사회 속으로, 그리고 생명체의 몸속으로 들어가는 혁신입니다. 다른 측면에서 보면 눈으로 보고 손으로 만지던 '기술'이 만질 수 없는 '데이터'로 바뀌게 된 것입니다."

나름 정리를 잘했지만 충분히 이해한 것인지 궁금하여 질문을 던졌다.

"손으로 만지던 '기술'이 만질 수 없는 '데이터'로 바뀌게 됐다고 했는데, 만지는 기술과 만질 수 없는 데이터를 구분할 수 있겠니?" 학생은 잠시 생각하더니, 미소를 날렸다. 자신의 스마트폰을 들어 보이며 말했다.

"기술은 삼성, 데이터는 구글이요."

정확하다고 할 수는 없지만, 나름 재치 있는 답변이었다.

그럼에도 4차 산업혁명의 실체를 아는 데는 역부족이다. 제대로 이해하기 위해서는 3차 산업혁명부터 일어난 변화를 꼼꼼하게 살펴볼 필요가 있다.

3차 산업혁명에서 촉발된 4차 산업혁명

컴퓨터로 대표되는 3차 산업혁명과 관련해 학생들과 이야기를 나눈 적이 있다. 살짝 목에 힘을 준 뒤 먼저 말문을 열었다.

"선생님은 말이야, 데스크톱 컴퓨터를 처음 쓰기 시작한 세대이며, 대학 수강신청을 온라인으로 처음 진행한 세대야. 플로피 디스크를 사용했고, 아래아 한글 버전을 처음 사용했지. 그리고….”

다음 말을 꺼내려는데 분위기가 심상치 않다. 무슨 딴 나라 이야기라는 듯 어리둥절해 했다. 바로 본론으로 들어갔다.

“컴퓨터 기술이 우리 일상으로 들어오는 방식에는 크게 3가지 트랙이 있단다. 아는 사람?”

“쌤, 무슨 말인지 모르겠어요. 질문을 쉽게 해주세요.”

“좋아, 컴퓨터를 새 것으로 구입한 다음에, 집에서 사용하려면 우리는 3가지 종류의 비용을 지불해야 한다. 어떤 비용일까?”

“일단 컴퓨터를 사야 하죠. 이때 돈이 좀 듭니다. 그리고 컴퓨터 프로그램이 깔려 있어야 돌아가죠. 운영 프로그램과 소프트웨어 등을 설치하려면 반드시! 정품으로 사야 하니 돈이 들죠. 그럼 된 거 아닌가요. 세 번째는… 음… 인터넷이요. 통신회사에 인터넷 신청을 해야 하죠. 이것도 돈이 들어요.”

“맞다. 이것이 바로 하드웨어, 소프트웨어, 그리고 네트워크 개념이다. 컴퓨터를 사용하려면 이 세 가지가 함께 연동되는 것이다. 그럼 이번에는 하드웨어, 소프트웨어, 네트워크가 각각 어떻게 발전해왔는지 조별로 토론해보자.”

컴퓨터와 모바일로 이어지는 기술의 발전은 3차 산업을 이해하는 데 매우 중요하다. 증기와 전기로 시작된 1차, 2차 산업의 역사에는 학생들이 크게 관심이 없어 설명을 해도 흥미를 보이지 않는다. 하지만 3차 산업의 핵심인 컴퓨터와 정보통신 기술에 대한 이야기는 다르다.

"컴퓨터 정보통신 기술, 즉 IT 기술의 핵심인 하드웨어는 데스크톱 컴퓨터로 시작해서, 스마트폰으로 변화되었습니다."

"소프트웨어는 도스DOS로 시작해서, 윈도우로 바뀌었고, 이젠 모바일에 필요한 안드로이드나 iOS로 바뀌었습니다."

"네트워크는 통신망의 경우 처음에 전화선을 인터넷선으로 바꿔주는 모뎀이라는 전환 장치로 시작해서, 초고속 인터넷으로 바뀐 뒤, 4G, 5G 모바일 통신으로 발전하게 되었습니다. 또한 이에 따른 서비스는 하이텔과 유니텔, 천리안과 같은 PC통신에서 HTTP로 전 세계의 주소와 연결하는 인터넷 브라우저를 지나 다음에는 각종 메신저, SNS 등 모바일 사회관계망 서비스로 발전하

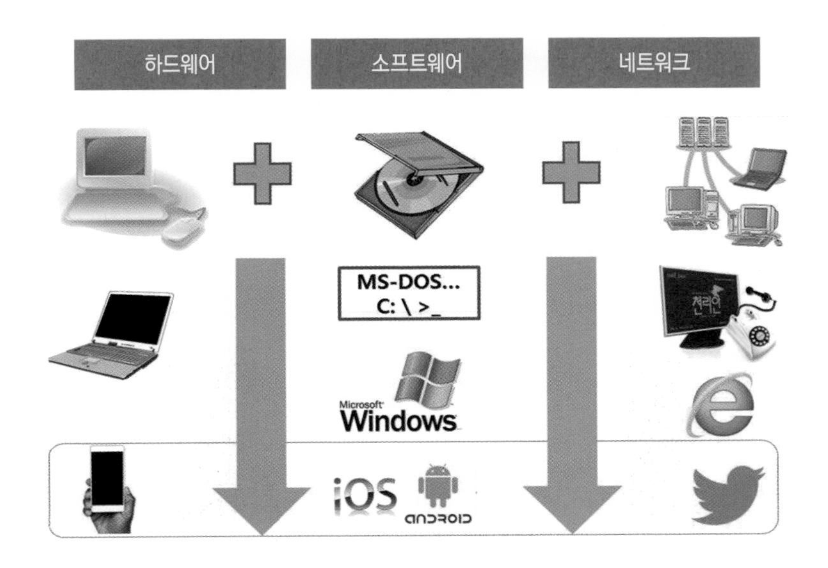

였습니다."

학생의 설명을 듣고 좀 더 사고를 자극하는 심화 질문을 해보았다.

"그런데 그런 IT 기술의 변화를 다른 각도로 보면 어떨까. 입력, 출력, 그리고 서비스의 기준으로 다시 살펴보는 거지. 예를 들어 각각의 출발점만 언급해 준다면, 입력의 경우 처음에는 '키보드'였다. DOS 프로그램은 키보드로 입력해야 실행이 되거든."

바로 학생들이 손을 들었다.

"키보드로 시작해서 그 다음 윈도우 시대의 입력은 '마우스'로 대표됩니다."

"키보드와 마우스 이후, 모바일 시대의 입력 장치는 '손가락'이죠!" 여세를 몰아, 또 물었다.

"그 다음은 무엇일까?"

"…."

화면에 3개의 이미지를 보여주었다. 아마존의 알렉사Alexa, SK의 누구NUGU, KT의 기가지니GiGA Genie이다. 공교롭게도 모두 원통 모양으로 비슷하다. 화면을 보자마자, 한 학생이 외쳤다.

"인공지능 비서요!"

“우린 지금 입력 방법을 이야기하고 있었지. 키보드, 마우스, 그리고 손가락 혁명의 다음 입력 장치는 그래서 뭘까? 힌트는 이 단말기들의 모양과 관련이 있어, 360도 원통 모양이지.”

“스피커요. 음성입력이요. 키보드, 마우스, 손가락 그다음은 음성입력 시대입니다.”

“그래 맞아. 정보를 찾기 위한 입력 장치의 변화, 그 자체만으로도 기술의 변화가 느껴지지 않니? 그래서 걱정이다. 인공지능 비서가 일상화되면, 그 이전 기술을 바탕으로 한 서비스와 관련된 직업은 쇠퇴하거든.”

“혹시 쌤. 설마… 지금 네이버와 구글의 손가락 입력을 걱정하시는 거예요?”

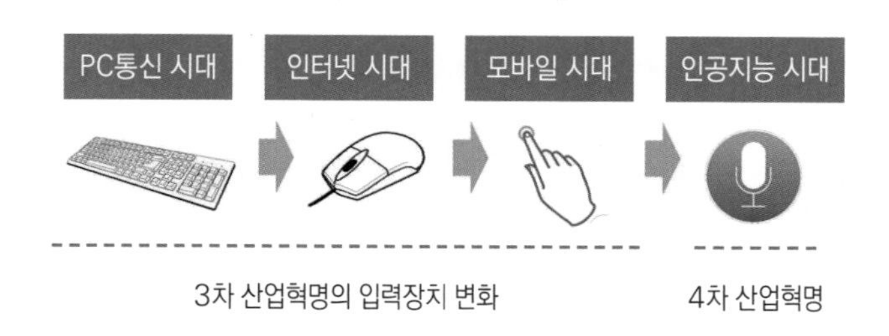

“크게 걱정하지는 않는다. 벌써 심각하게 여기고 미래를 준비하고 있을 테니.” 내친김에 출력 기술도 살펴볼 필요가 있다. 여기서 출력 기술이라고 하는 것은 단순히 프린터기를 말하는 것이 아니다. 정보를 입력한 뒤에 우리가 눈으로 보는 정보 출력[View] 기기들을 말한다. 그 출발은 '텔레비전 브라운관'이다. 그다음에 대해 학생들에게 물었다.

"텔레비전 브라운관 다음은, 컴퓨터 모니터 시대이고, 그다음은 스마트폰 화면입니다. 그리고 그다음은…" 또 말문이 막혔다. 화면을 통해 또 힌트를 주었다. 구글 글래스, 삼성VR 이미지가 화면에 등장했다. 역시 바로 답변이 나왔다.

"출력 기술의 그다음 버전은 '가상현실', 그리고 가상과 현실이 만나는 '증강현실'입니다. 안경으로 보고, VR고글로 보고, 또는 자동차를 타고 가면 앞 유리에 거리 정보가 뜨기도 합니다."

세 번째는 이러한 변화를 담아내는 서비스의 변화를 살피는 접근이다. 화면을 통해 다른 그림을 보여주었다. 첫 번째는 PC와 PC가 연결된 PC통신 이미지, 그다음에는 사람과 HTTP주소 페이지가 연결되는 수많은 인터넷 웹 그물망 이미지, 그리고 그 옆에는 모바일로 사람과 사람이 직접 연결되는 사회관계망 이미지를 보여주었다. 그리고 마지막 네 번째 이미지 공간은 비워두고 '물음표'를 넣었다. 앞서 보여준 세 가지 이미지 아래에 연결 방식으로 'PC통신', '인터넷 웹', '모바일 앱'이라는 단어를 배치했다.

그리고 화면에는 숫자 하나를 크게 띄웠다.

10년

학생들의 반응을 기다렸다. 오래 걸리지 않았다. PC통신 시대, 인터넷 웹의 시대, 그리고 모바일 시대 그리고 10년이라는 숫자를 보고 학생들은 결국 알아차렸다.

"변화가 10년을 주기로 일어났습니다. 1990년대는 PC통신, 2000년대는 인터넷 웹의 시대, 2010년대는 모바일 시대죠." 답변을 듣고 다시 물었다.

"그럼 이제 우리의 관심은 2020년이다. 비어 있는 곳에 어떤 이미지와 단어가 들어갈지 서로 토론하고 한번 찾아보렴."

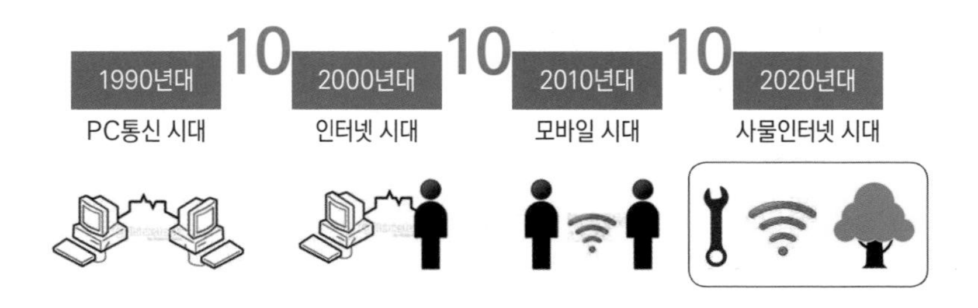

잠시 그룹별 토론시간을 가진 이후 학생들은 화면의 네 번째 빈칸에 넣을 다양한 이미지를 직접 화이트보드에 그려서 발표했다. 집, 거리, 자동차, 공장, 자전거, 거리의 가로수, 전봇대, 자전거, 심

지어 사람의 신체와 직접 관련이 있는 옷, 안경, 시계, 신발 등도 그려 넣었다. 나는 그것을 하나의 단어로 화면에 입력했다.

"사물인터넷 시대Internet of Things, 약어로 IoT"

그리고 모바일 와이파이 이미지를 넣어 서로 연결되는 모습을 구현했다. 사물에 센서와 통신기능을 내장하여 모바일 인터넷에 연결하는 것이다. 그럼 어떤 일들이 일어날까?

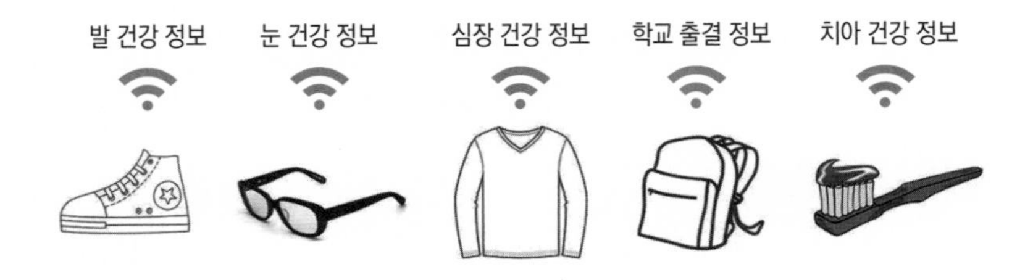

4차 산업혁명이 몰고 올 삶의 변화

4차 산업혁명 시대에는 도대체 얼마나 많은 사물이 인터넷으로 연결될까. 정보기술 연구 및 자문회사 가트너에 따르면, 2020년까지 인터넷 기술을 사용하는 사물의 개수는 260억 개에 이를 것으로 예상한다. 여기서 또 질문을 던졌다.

"이렇게 수많은 사물이 인터넷에 연결되면 방대한 데이터가 축적된다. 이를 무엇이라 부를까?"

"빅데이터요!"

"빅데이터를 분석하고 학습해 사람들의 필요에 따라 맞춤형 서비스를 낼 수 있는 기술은 뭐라고 부를까?"

"힌트 주세요."

"인류가 축적한 바둑 기보를 학습하여 이세돌을 이기거나…." 말을 이어가려는 순간 교실이 떠나가도록 학생들이 소리를 질렀다.

"인공지능! 인공지능! 알파고! 인공지능!"

학생들과 대화 속에 4차 산업혁명의 핵심이 들어 있다. 4차 산업혁명을 이해하기 위해서는 이처럼 3차 산업혁명의 컴퓨터 정보기술을 이해하는 것부터 차근차근 통찰력을 축적하면서 지나가야 한다. 3차 산업혁명의 IT 기술을 하드웨어, 소프트웨어, 네트워크의 변화로 이해하는 것에서 출발하여 이것이 만들어낸 입력, 출력, 서비스의 기술이 PC통신의 시대, 인터넷 웹의 시대, 모바일 앱의 시대를 지나 이제 사물인터넷 시대로 발전하는 것을 이해하는 것이다. 그리고 놀랍게도 이것은 10년 단위로 변화를 만들어 왔다. 처음에는 PC와 PC가 통신으로 '연결'되고, 그다음에는 사람과 웹페이지가 브라우저로 '연결'되고, 그다음에는 사람과 사람이 앱으로 '연결'되는 시대를 지나 앞으로는 사물과 사물이 서로 센서와 모바일 인터넷으로 '연결'된다. 결국 각 사물에서 수집한 데이터가 축적되고 이는 '빅데이터'가 되고, 빅데이터를 분석하는 인공지능은 이제 인간이 하던 기억, 연산, 학습, 축적, 판단을 일부 대체할 것이다. 모든 것이 융합되고, 연결되는 기술, 이것이 4차 산업혁명의 본질이다.

4차 산업혁명에 대한 설명은 전문가마다 조금씩 다르다. 그러나 일반적으로 서로 동의하는 공통적 견해는 6가지 기술 혁신이다. 로봇공학, 3D 프린팅, 무인운송 드론, 자율주행 포함, 나노산업, 인공지능, 그리고 사물인터넷이다. 이 6가지 대표 기술 중 5가지만 사용하여 시나리오를 만들어보았다.

토요일 아침, 준수네 집의 풍경이다. 감정 파악이 가능한 로봇이 준수 엄마, 아빠의 결혼기념일에 맞춰 케이크를 준비했다. 로봇이 직접 케이크를 만드는 것은 아니다. 3D 프린팅기기를 작동시켜 케이크를 제작했다. 이후 로봇은 벨 소리를 듣고 현관문으로 나간다. 드론이 택배 하나를 정해진 위치에 내려놓는다. 한편, 준수 엄마는 운동화를 신고 산책을 나갔다 돌아와서 케이크를 자르며 생일파티를 한다. 그사이 인공지능 비서는 준수 엄마의 신발 센서에서 서버로 올라온 준수 엄마의 생체 정보를 분석하고, 1개월 분량의 정보를 모아 오늘 리포트를 출력할 계획이다. 오후에는 준수 가족이 함께 수목원에 가기로 했다. 물론 준수 엄마 아빠 누구도 운전할 생각이 없다. 자율주행 자동차이기 때문이다.

그날 저녁 준수네 집 인공지능은 혼자 분주하다. 동시에 6가지 작업을 해야 하기 때문이다. 오늘 준수 가족이 사용한 모든 사물로부터 전송된 정보를 1개월 분량으로 모아 리포트를 만들어야 한다. 중요한 것은 단순한 사용 빈도수 정도의 리포트가 아니라는 점이다. 지역 및 나라 전체의 표본을 대상으로 올라온 빅데이터Big Data를 기준으로 준수 가족의 사용패턴과 건강, 개선점 등을 분석하는 작업이다. 준수네 집을 채우고 있는 수많은 사물과 준수 가족이 움직이는 모든 거리와 공간은 사물인터넷으로 작동된다. 앞의 준수네 일상에서 다룬 5가지 미래기술에 사물인터넷을 결합하여 6가지 4차 산업 대표기술이 설명되었다. 그리고 여기에 빅데이터라는 용어가 더해져야 미래가 설명된다.

4차 산업혁명은 우리의 삶을 어떻게 바꿀까

소프트웨어와 네트워크는 더 다양해지고, 더 빨라진다고 했을 때 하드웨어 면에서 스마트폰이 모든 사물로 확장된다면 과연 어떤 놀라운 일들이 벌어질까. 심지어 그 하드웨어가 공장에서 물건을 만드는 각 기계에도 들어가 생산 전반의 현실에서 각 기기 간에 소프트웨어와 네트워크가 가능해진다면 또 어떤 상황이 펼쳐질까. 멀리 갈 것 없이 우리 생활의 변화를 떠올려볼 수 있다. 자동차, 냉장고, 프린터기, TV 등의 사물이 서로 연결되는 것이다. 안경을 쓰고 거리를 지나가면 각 상점의 정보가 안경에 뜨는 것도 가능하지 않을까. 자동차를 몰고 가면 앞 유리에 지나가는 도로와 상점의 정보가 뜨는 것이다. 이처럼 모든 삶의 기반이 정보통신 기술로 '융합'하고 '연결'되는 것, 이것이 바로 4차 산업혁명이다. 원대하고 거창한 미래 예측이 아니라 우리의 일상에서 일어날 변화를 중심으로 살펴보자.

사물이 인터넷과 데이터로 연결된다면 우리 일상에 어떤 구체적인 일들이 벌어질지 여러분도 한번 상상해보면 어떨까. 이 주제로 학생들과 나눈 이야기를 들어보자.

“이 칫솔은 양치질을 할 때마다 입 안의 생체 정보를 수집합니다. 정보가 서버로 가고, 의미 있는 정보들을 스마트폰으로 확인이 가능합니다. 중요한 것은 우리가 일상에서 불편하게 여기는 부분들을 이 칫솔로 해결할 수 있다는 점입니다. 그동안 입 안을 제대로 볼 수 없어 답답하지 않았습니까. 도대체 치석이 있는지, 치아 상태가 어떤지 확인할 길이 없었어요. 그러니 치과가기가 두렵고, 방치하다가 큰일을 치르죠. 직접 자신의 치아를 보지 않아도 칫솔을 통해 수집된 정보가 자주 가는 치과 주치의 데이터로 전송되며, 이를 통해 원격으로 치아의 관리 방법을 제공받을 수 있는 원격의료로 이어지는 겁니다.”

“초보 엄마들은 기저귀를 언제 갈아야 할지 모를 때도 있습니다. 때로는 너무 시간이 많이 지나, 아기의 기저귀가 물먹은 솜처럼 부풀어 오르죠. 이때 아기 피부도 손상될 수 있습니다. 아기가 심하게 울었던 것은 기저귀 때문이었던 거죠. 그런데 늘 이렇게 아기가 울 때까지 기저귀를 채워놓고 있어야 하거나, 때로는 울지 않게 갈아주려고 수시로 대기할 수도 없는 일이죠. 스마트기저귀는 소변 성분이 일정량 이상 기저귀에 흡수되면 집 안의 센서로 소리를 내거나 엄마의 스마트폰에 알람 푸시를 합니다. 여기에서 끝나는 것이 아니라 아기의 소변 성분을 분석하여 아기의 영양 상태를 데이터로 서버에 보냅니다. 서버에 매일 축적된 데이터는 부모에게 전송됩니다. 아기의 혈액순환과 심박수를 측정하며 수면시간과 숙면시간 등 생체리듬도 함께 측정합니다. 이 정보 중에 부모가 공개 가능하다고 여기는 것에 사전 동의를 하면, 이러한 데이터는 기저귀 제조 회사로 전송되고 이것이 쌓여 빅데이터가 됩니다. 회사는 빅데이터를 통해 또래 아기들의 평균 건강정보와 가이드를 개별 부모에게 전송해줍니다."

제법 현실 가능성이 높아 보이는 내용이다. 실제로 이를 개발하는 곳이 있다. 24에이트24eight라는 신생업체는 이른바 무선 기저귀를 선보였다. 내장된 칩이 기저귀를 갈 때가 됐는지 감지해, 이를 부모나 보모에게 SMS로 알리는 제품이다. 칫솔도 등장했다. 블루투스가 장착된 스마트폰을 통해 인터넷에 치위생 데이터를 전송할 수 있는 칫솔 하나가 개발되어 있는 상태이다. 그러나 학자들은 모든 칫솔이 인터넷에 직접 연결될 것이라고는 전망하지 않는다.

MIT는 일부 학생 및 대학과 공동으로 랜덤 홀Random Hall 기숙사의 화장실을 인터넷으로 연결했다. 어떤 화장실이 언제 비는지 온라인으로 정보를 제공하기 위해서다. 랜덤 홀 기숙사는 '화장실 서버' 구축 성공에 자극을 받았는지 세탁실의 세탁기와 건조기를 언제 사용할 수 있는지 정보를 제공할 수 있는 인터넷 연결망을 구축했다. 더 나아가, 학생들은 이메일 주소를 입력해 정기적으로 이에 대한 정보를 받아볼 수 있다.

USC University of Southern California는 옥외 정원을 인터넷으로 연결했다. 이 '원격 정원 Telegarden'은 1년 뒤 오스트리아로 옮겨졌다. 정원사들이 전 세계 어디에서나 파종을 할 수 있도록 연구원들이 로봇 팔을 설치하고 인터넷을 연결시킨 정원이다.

광고 회사인 리싱크 토론토 Rethink Toronto는 애견의 웰빙을 생각, 체온을 측정할 수 있는 온도계를 장착한 개 목걸이를 선보였다. 여기에는 코드를 입력한 칩과 SIM 카드가 달려 있다. 애견의 온도가 화씨 72도를 넘기면 주인에게 SMS 메시지가 발송되는 데 쓰이는 장치이다. 한편, 네덜란드의 신생업체인 스파크드 Sparked는 가축의 귓속에 무선 인터넷 센서를 이식해, 농부들이 가축의 건강을 감시하고, 고기나 우유에서 비롯되는 질병을 예방하고 있다. 시스코의 추정에 따르면, 소 1마리당 매년 200MB의 데이터가 전송된다.

코벤티스 Corventis는 1회용 밴드같이 환자의 심장에 붙이기만 하면 심장 운동을 감시해 알려주는 심장 감시기를 개발했다. 그리고 FDA 미국 식품의약국와 메디케어·메디케이드 서비스 센터 CMMS는 지난 2010년 이 제품을 공식 승인했다. 이 제품은 환자의 심장이 부정맥이나 심부전을 일으키는지 의사에게 데이터로 경고한다.

24에이트가 개발한 또 다른 이색 상품으로는 고령자를 염두에

둔 인터넷 연결 슬리퍼이다. 스마트폰의 기울기를 인식하는 기술과 유사한 기술을 채택한 이 슬리퍼는 착용자의 발걸음에서 건강 이상 신호를 감지해 가족과 의사에게 알려준다. 나이키, 구글과 패션 회사인 WeSC 등은 소셜 미디어에 연결되거나, '장시간 가만히 서 있었기 때문에 운동이 필요하다'는 등의 대화를 할 수 있는 신발을 개발했다.

내추럴 퓨즈Natural Fuse라는 단체는 식물을 인터넷에 연결해 이산화탄소 배출을 줄이는 데 도움을 주고 있다. 이는 전기회로에 과부하가 걸리면 자동으로 이를 차단해주는 '서킷브레이커circuit breakers'의 역할을 한다. 내추럴 퓨즈의 설명에 따르면, 서로 연결된 식물의 에너지를 활용, 전력 소비를 줄일 수 있는 시스템이다. 또 자동으로 물을 주는 기능도 있다. 비아 인텔리젠트Via INteligente라는 스페인 회사는 와이파이 신호를 방출하는 도로 포장석인 아이페이브먼트iPavement라는 제품을 개발했다. 말 그대로 도시 지면과 인도 전체를 와이파이 장치로 바꿔 모든 사람이 인터넷을 이용하도록 하는 것이 목적이다.

이전에 한 번도 경험해보지 못한 사물인터넷으로 결합되고 연결된 세상이 이미 펼쳐지고 있다. 놀라기에는 아직 이르다. 4차 산업혁명의 핵심 기술은 사물인터넷 이외에도 5개가 더 있다. 인공지능, 로봇공학, 무인운송수단무인항공기, 무인자동차, 3D 프린팅3차원 인쇄, 그리고 나노기술이다.

티핑 포인트는 언제쯤일까

현실 속에서 이미 벌어지고 있는 4차 산업혁명의 징조들이 피부에 와 닿지는 않을 것이다. 미래 기술이 사람들의 일상에 파고들어, 피부로 느낄 만한 충격의 시기, 받아들일 만한 시기가 언젠가는 온다. 이를 전문가들은 '티핑 포인트Tipping point'라고 부른다. 티핑 포인트란 한 순간의 극적인 상황 변화를 일으키는 순간을 말한다. 그렇다면 4차 산업혁명의 기술 변화가 일으키는 우리 사회 현실 속의 티핑 포인트는 언제 어떤 모습으로 올까. 〈심대한 전환: 기술적 티핑 포인트와 사회 충격 서베이 리포트〉에서 정리한 내용이다. 이른바 '기술적 티핑 포인트'이다.

- 2018년 인구의 90%가 무한 용량의 무료 저장소를 보유한다.
- 2021년 미국 최초의 로봇 약사가 등장한다.
- 2022년 1조 개의 센서가 인터넷에 연결된다. 인구의 10%가 인터넷에 연결된 의류를 입는다. 3D 프린팅으로 제작한 자동차가 최초로 생산된다.
- 2023년 최초로 상업화된 인체삽입형 모바일폰이 등장한다. 인구조사를 위해 빅데이터를 활용하는 최초의 정부가 등장한다. 10%의 인구가 인터넷이 연결된 안경을 쓴다. 인구의 80%가 페이스북 등에서 디지털 정체성을 갖게 된다. 블록체인(공공 거래 장부라고도 부르며 가상화폐로 거래할 때 발생할 수 있는 해킹을 막는 기술)을 통해 세금을 징수하

는 최초의 정부가 등장한다. 인구의 90%가 스마트폰을 사용한다.

- 2024년 인구의 90%가 언제 어디서나 인터넷 접속이 가능하다. 3D 프린팅으로 제작된 간이 최초로 이식된다. 인터넷 트래픽 50% 이상이 가정용 기기에 몰리게 된다.
- 2025년 소비자 제품 가운데 5%는 3D 프린팅으로 제작된다. 인공지능이 기업 회계감사의 30%를 수행한다. 자가용보다 공유차로 여행하는 수가 많아진다.
- 2026년 미국 도로를 달리는 자동차 가운데 10%가 자율주행자동차이다. 기업의 이사회에 인공지능 기계가 최초로 등장한다. 신호등 하나 없는 인구 5만 명의 도시가 탄생한다.
- 2027년 전 세계 GDP의 10%가 블록체인 기술에 저장된다. 블록체인은 인터넷 가상 화폐인 비트코인의 기반 기술이다.

티핑 포인트는 실제 변화를 인정할 만한 결정적 전환점을 말한다. 그럼 위에서 언급한 연도가 되면 갑작스럽게 엄청난 변화가 오는 걸까. 그렇지 않다. 티핑 포인트는 서서히 변화가 축적되어가다 임계점에 이르는 시점이다. 물에 열을 가하면 100도부터 끓기 시작하는데 99도까지 차갑다가 갑자기 100도가 되어 끓어오르는 것이 아닌 것처럼 말이다. 결국 티핑 포인트란 그걸 알아차리는 사람과 알아차리지 못하는 사람의 차이만 있을 뿐이다. 변화를 꾸준히 관찰하고 알아차리는 것이 중요하다.

미래는 위기가 아닌 기회

2017년 미국 라스베이거스에서 열린 국제소비자 가전전시회 CES를 기사로 다룬 몇몇 언론은 '4차 산업혁명, 한국은 안 보인다'는 제목을 달았다《한겨레신문》. 분명 4차 산업혁명은 우리 일반 사람들에게 실체가 없어 보이거나, 혹은 막연한 두려움을 주는 존재인 것 같다. 대부분 영화를 좋아하니 4차 산업혁명의 6가지 핵심기술을 영화 속에서 찾아보면 더 쉽게 이해가 될 것이다. 「HER」라는 영화를 보면 인공지능 여비서와 사랑에 빠진 한 남자가 나온다. 「미션임파서블」에는 이단헌트가 나와 3D 프린팅으로 타인의 얼굴피부를 만들어 쓰는 장면이 있다. 영화 속에는 이미 다양한 기술 진보를 활용한 예가 나온다.

4차 산업혁명의 티핑 포인트 시기는 분명 우리 청소년 세대들의 인생에 폭풍처럼 몰려올 것이다. 4차 산업혁명 시대엔 어떤 인재를 필요로 할까? 지금까지 살아온 직업에 대한 고정관념을 가지고는 어떤 지도나 조언을 하기도 어렵다. 현재 학생들은 어떻게 인식하고 있을까. 다음과 같은 OX 질문을 던져보았다.

- 4차 산업혁명은 실체가 없는 막연한 미래의 이야기이다.
- 4차 산업혁명의 진정한 '융합'은 다양한 분야를 조금씩 골고루 아는 사람에게 유리하다.
- 4차 산업혁명은 기술의 격차 없이 모든 사람에게 공평한 지식과 부

를 나눠줄 것이다.

- 4차 산업혁명을 통해 인공지능은 인간의 '모든' 영역을 대체할 것이다.
- 4차 산업혁명은 인간의 일자리가 로봇으로 대체될 것을 예고한다.

학생들 각자의 생각을 직접 들어보자.

"예전에는 막연했는데, 알파고를 본 이후에 생각이 달라졌어요. 인공지능이 정말 이제는 우리의 현실로 들어와 있다는 것을 깨달았어요. 인공지능은 4차 산업의 핵심이잖아요. 4차 산업혁명은 막연한 이야기가 아니라, 우리의 미래 그리고 나 자신의 직업과도 관련이 있는 이야기라고 생각합니다."

"4차 산업혁명의 키워드가 융합이라고 하셨는데, 이때의 융합은 여러 분야를 조금씩 넓게 아는 것으로는 도움이 안 된다고 생각합니다. 한 분야를 알더라도 제대로 깊이 알아야 다른 분야와 융합이 가능하다고 생각해요."

"4차 산업혁명의 기술은 격차 없이 모든 사람이 골고루 누린다고 생각하지 않아요. 지금도 정보와 기술의 격차가 큰데, 4차 산업혁명과 같은 창조적인 혁신을 주도하는 사람과 그 혁신의 결과를 그냥 따라가는 사람의 격차가 더 클 것이라는 생각이 들어요. 자료를 찾아보니 결국 자본의 문제라고 합니다. 자본이 큰 기업은 인공지능 로봇에 투자하고 이를 노동현장에 투입하여 단순 노동을 하던 사람의 일자리를 모두 대체하고 더 높은 효율과 생산성을 높여 더 많은 이익을 얻는다는 겁니다. 일자리를 빼앗긴 노동자들은 빈곤의 악순환이겠죠. 격차는 지금보다 더 벌어질 것 같아요."

"인공지능이 인간의 영역을 대체하는 수준을 '싱귤래리티Singularity'라고 부릅니다. 구글에서 찾아본 거예요. 싱귤래리티라는 말은 인공지능이 빠른 자기계발 사이클 속에 비약 발전해 인간의 지능을 넘어 도약하는 기점을 말한다고 합니다. 이 부분에 대해 저는 그런 일이 일어나지 않을 거라고 희망적인 판단을 합니다. 왜냐하면, 인간은 생존본능이 있고 정치적 존재라, 분명 그런 상황이 올 거라 예상이 되면 정치, 정책, 제도, 규제 등으로 인공지능의 발전 속도를 제한하거나 다른 방식의 균형점을 찾을 거라 확신합니다. 인간의 자존심을 지키기 위해서요. 더 솔직히 말하면 일류가 살아남기 위해서요."

"4차 산업혁명으로 인간의 일자리가 로봇으로 대체되는 것은 어느 정도 인정합니다. 하지만 저는 다른 견해도 가지고 있습니다. 단순한 노동과 암기, 기억 위주의 정보 업무는 분명 인공지능이나 로봇으로 넘어갈 것입니다. 하지만 이세돌이 알파고를 한 번 이겼던 78수가 떠올랐어요. 이 78수는 전 세계 바둑 프로들도 예상하지 못한 창의적이고 창조적인 수였다고 합니다. 인간의 위대함이 거기에 있습니다. 이세돌의 78수를 받고, 알파고는 버그를 일으키고 말았습니다. 도무지 예상하지 못한 인간만의 창조력이죠. 바로 이런 인간의 영역이 분명 있을 겁니다. 걱정은 돼요. 그런 일을 모두가 할 수 있는 것은 아니라는 것입니다."

학생들도 미래 변화에 대해 걱정도 많고 생각도 많았다. 궁극적으로 고민과 생각은 4차 산업혁명이 직업 세계에 어떤 변화를 줄 것이며 어떻게 대비해야 하는가의 문제로 귀결된다.

직업 대이동의 시대

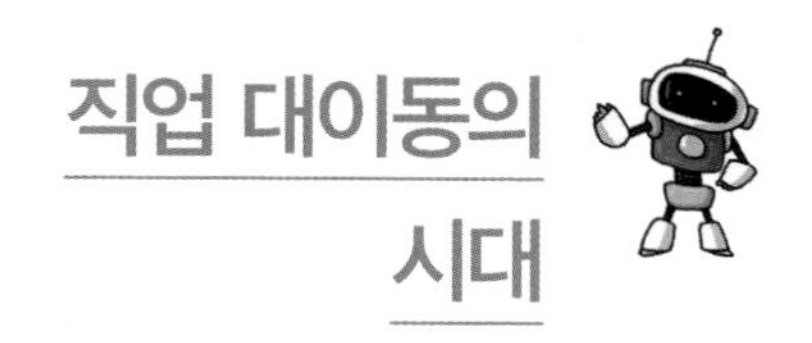

3차 산업혁명으로 대표되는 컴퓨터 정보기술은 4차 산업혁명을 앞두고 한 차례 엄청난 변화를 만났다. 우리나라에는 2009년에 시작되었다. 바로 IT 문화를 송두리째 바꾼 아이폰의 등장이다. 몇 시간씩 줄을 서가며 아이폰을 구매하는 진풍경이 펼쳐졌다. 기술은 특성상 더 뛰어난 기술이 나오면 이전 기술을 흡수해 버린다. 아이폰이 대한민국에 상륙하자 그 기술이 워낙 탁월하여 이전 기술들은 순식간에 쇠퇴의 길로 접어들었다. MP3로 음악을 듣고, PMP로 영화와 동영상을 보고, 전자책 전용기기로 책을 읽었는데 이 모든 것을 아이폰 하나에서 보고 듣고 읽을 수 있게 되었다. 여러 가지 기술이 융합된 아이폰으로 인해 가장 타격을 입은 것은 무엇일까? 디지털 카메라가 아닐까?

기술의 변화는 이전의 변화를 흡수하면서 큰 파장을 만든다. 단순히 이전의 기능을 쇠퇴시키는 것으로 끝나지 않고, 직업 세계의 변화를 만들어낸다. 이처럼 기술의 변화가 직업의 변화를 만들어내는 초기에는 '이전 기술을 기반으로 하는 직업의 쇠퇴현상'이 일어난다. 그럼 스마트폰의 모바일 혁신으로 점차 쇠퇴하게 된 직업에는 어떤 분야가 있을까?

이 주제로 학생들에게 토론을 해보라고 한 적이 있다. 1단계 토론은 스마트폰의 기능을 더 자세하게 말해보게 했다. 2단계에서는 겹치는 기능들을 가진 이전 기기들을 살펴보고, 3단계는 겹치는 기능을 중심으로 조금씩 그 자리가 위협받는 직업을 이야기하게 했다. 4단계는 스마트폰의 등장으로 새롭게 각광받는 직업을 도출해보라고 했다.

1단계 : 스마트폰의 기능

쇼핑, 운동 체크, 게임, 음악 청취, 책읽기, 영상 시청, 친구 사귀기, 교통상황, 길 찾기 등.

2단계 : 동일한 기능의 이전 기기

PC, 디지털스틸카메라, 캠코더, MP3 플레이어, 휴대용녹음기, 휴대용게임기, 시계, 전자계산기, 내비게이션, 달력, 전자사전, e-Book.

3단계 : 동일한 기능의 쇠퇴 예상 직업군

사진사, 사진관, 비디오 대여업, 출판디자이너, 인쇄공, 시계수리공, 내비게이션 업체.

4단계 : 스마트폰 등장으로 뜨는 직업군

마지막 단계에서 학생들은 스마트폰의 등장으로 새롭게 뜨는 직업들이 무엇일지 치열하게 토론했다. 정확한 직업명을 맞히는 것보다는 직업의 내용을 말하면 충분하다고 격려해주었다. 물론 이것은 학생들 수준의 예상이다. 일정 부분 가능성이 있지만 정확성은 낮을 수 있다. 중요한 것은 '변화를 읽어내는 통찰'을 연습한다는 점이다.

"스마트폰으로 인해 손님이 끊기거나 일거리가 없어진 분야가 실제로 정말 많다. 그럼 오히려 스마트폰 등장으로 뜨는 직업에는 어떤 게 있을까, 토론한 내용을 발표해볼까?"

학생들은 직업명을 말하기보다는 스마트폰으로 인해 필요해진 '일Work' 그 자체를 편하게 발표했다.

"휴대폰 만드는 직업이요."

"휴대폰의 어플리케이션을 만드는 개발자요."

"휴대폰으로 영화 만드는 스마트폰 영화PD에 대한 기사를 읽은 적 있어요."

"SNS마케터요."

"스마트폰을 활용하는 법을 가르치는 사람과 책이 있어요."

"셀카봉 제조업이요."

"카톡으로 상담해주는 사람을 알아요."

"기기를 자주 바꾸는 사람이 많아, 중고폰만 거래하는 직업도 있어요."

"스마트폰의 가격이 비싸서, 알뜰폰 판매를 위해 통신사망을 빌려 사용하는 업체도 있어요."

"스마트워크 시스템을 제공하는 기업이 있어요."

"스마트폰이 고장 나면 수리하는 전문가가 필요해요."

"스마트폰을 너무 사용해 중독된 사람들을 치료하는 전문가요."

우리가 기억할 것은 '기술'은 '상품'을 만들어내고, 상품은 '서비스'를 만들어낸다는 사실이다. 이 과정에서 직업이 생겨난다. 하나의 기술은 기술 그 자체로 머물지 않고 하나의 산업을 만들어내고, 직업은 그 속에서 발생한다. 예를 들어 모바일 통신기술과 반도체 기술이 만나 스마트폰이라는 상품을 만들어냈고, 이를 통해 스마트폰을 유통, 판매, 수리하는 직접 서비스가 생겨나고, 또는 스마트폰에 사용하기 위해 앱 서비스와 스마트폰을 활용하여 사진인화, 영화촬영, 관광, 교육 등 간접적으로 활용되고 확장되는 서비스가 발생한다. 이 과정이 모두 '직업의 쇠퇴, 소멸, 생성, 변화' 등을 만들어내는 것이다.

기술 발전으로 직업 세계가 급변하다

앞서 컴퓨터와 스마트폰이 일상생활에 서비스될 때 3가지 트랙이 존재한다고 했다. 하드웨어, 소프트웨어, 그리고 네트워크이다. 스마트폰의 경우 이 3가지 트랙에 어떤 직업들이 필요할까. 언뜻 기술 개발자를 중심으로 한 직업을 떠올릴 수 있다.

- 하드웨어 : 스마트폰 개발자, 스마트폰 부품 개발자
- 소프트웨어 : 운영체제 개발자, 스마트폰 어플리케이션 개발자
- 네트워크 : 네트워크 개발자, 네트워크 보안전문가

기술이 직업 세계를 만들어내는 첫 번째 방식은, 기술이 일상으로 들어오는 '3가지 트랙에 따른 산업구조'가 형성되어 그 기술을 만드는 직업이 필요해지는 것이다. 두 번째 방식으로 넘어가면 스마트폰이 설계되고, 디자인된 후 만들어져 우리 손에 들어오기까지의 과정에서 어떤 직업들이 필요할까?

더 정확하게 말하자면, 하나의 기술이 공학 원리에서 기술로 전환·설계·디자인되고, 개발 완성되어 고객의 손에 들어간다. 사용 중에 고장이 나면 수리가 되고, 어쩌면 중고폰으로 팔려나가거나 폐기되는 과정까지의 '제품 생애Device Life'를 말하는 것이다. 스마트폰으로 인해 생겨나는 직업을 생각하려면 일단 제품 생애에 따라 대표 직업군을 구체화하는 작업이 필요하다.

공학적 연구 단계 공학연구자

설계 단계 스마트폰 설계 개발자

디자인 단계 스마트폰 디자이너

부품 개발 단계 스마트폰 부품 개발자

완성품 제작 단계 스마트폰 제작자

광고 홍보 단계 광고 홍보 전문가

유통 단계 운송업

영업 단계 스마트폰 영업자

판매 단계 판매 대리점, 온라인 판매, 소셜커머스 판매

관리 단계 판매 및 회계 관리자

서비스 단계 스마트폰 서비스센터

중고품 또는 폐기 단계 중고폰 판매업

기술이 직업을 만드는 세 번째 방식은 기술을 둘러싼 '주변 기술'이 파생되는 방식이다. 스마트폰을 사용하는 과정에 다양한 다른 기술 상품이 등장하게 되어 있다. 예컨대 스마트폰에 있는 옥션, G마켓, 11번가 등을 검색하면 어떤 다양한 주변 기술과 상품, 그리고 서비스가 등장하는지 쉽게 알 수 있다. 스마트폰 케이스, 차량 거치대, 셀카봉, 스마트폰 액정보호필름, 스마트폰 케이블, 스마트폰 사진 인화 서비스, 스마트폰으로 실행되는 모든 유료 어플리케이션, 스마트폰과 블루투스로 연결되는 스피커, 키보드 등

의 제품들, 스마트폰과 연동하여 스크린에 빔을 쏘는 미니 프로젝터 등 다양한 주변 기술들이 쏟아졌다. 이런 주변 기술 역시 하나의 제품으로 인식한다면, 각각의 '제품 생애'에 대입할 수 있다. 블루투스 스피커 공학 연구자, 블루투스 스피커 개발자, 블루투스 스피커 디자이너, 블루투스 스피커 부품개발자, 블루투스 스피커 제작원, 홍보 전문가, 운송, 영업, 판매, 관리, 서비스, 중고기기 매매 등 같은 제품 생애 방식으로 직업이 확장된다.

기술이 직업을 만드는 네 번째 방식은 '활용 방식'에 근거한 직업 파생이다. 스마트폰이라는 기술을 '활용'하여 생성된 직업, 특히 서비스에 대해 생각해보자. 스마트폰을 도구로 하는 직업을 찾아보는 것이다. 여기에는 당연히 우선적으로 스마트폰 어플리케이션 개발자가 들어간다. 여기에 해당하는 직업들은 이미 다른 직업에 속해 있으면서 스마트폰을 활용하는 경우도 있고, 아예 독립 서비스를 하는 새로운 직업도 포함된다. 어떤 직업이 있을까? 학생들에게 질문을 던져보았다.

"스마트폰 영화 제작자요."

"스마트폰 배달앱으로 주문을 받는 음식점주들이요."

"스마트폰으로 그림을 그리는 일러스트레이터를 뉴스에서 봤어요."

"요즘 기자들은 취재할 때도 마이크와 카메라 대신 스마트폰을 사용해요."

"스마트폰 게임 개발자요."

"스마트폰 사진사요."

이처럼 다양한 직업이 파생되어 나올 수 있다. 여기에 더하여 그런 방법을 교육하는 직업도 필요하지 않을까. 혹은 지나친 기술 사용으로 중독된 경우 치료하는 직업도 생각해볼 수 있다.

- 기술을 활용하는 직업
- 기술의 활용을 가르치는 직업
- 기술에 중독되거나 부작용을 치료하는 직업

하나의 기술이 등장했을 때 직업이 탄생하는 방식이다. 이를 염두에 두면 향후 어떤 직업들이 생겨나고 사라질 것인지 누구든 가늠해볼 수 있을 것이다.

- 산업구조에 따른 직업 파생
- 제품 생애에 따른 직업 파생
- 주변 기술에 따른 직업 파생
- 사용 방식에 따른 직업 파생

만약, 여기에 스마트폰이 아니라 냉장고라는 제품을 넣으면 어떻게 될까. 3차 산업혁명까지라고 보면 냉장고는 하드웨어 중심으로 판매되기 때문에 1번 파생 방식은 해당사항이 없을 것 같다. 물론 4차 산업혁명에서의 냉장고는 사물인터넷 범주이므로 하드웨어 직업, 소프트웨어 직업, 네트워크 직업도 파생될 수 있다. 현재의 냉장고라면 4번도 해당사항이 없을 것 같다. 기능이 매우 명확하고 제한적이기 때문이다. 다만, 2번과 3번 방식으로의 파생은 모두 가능할 것으로 보인다. 즉 냉장고의 설계부터 판매를 지나 수리까지 제품 생애에 따른 직업 파생이 가능하다. 또한 냉장고의 사용, 활용과 관련된 주변 기술 및 제품이 존재한다. 냉장고 음식 보관용기, 냉동식품 분야 등이다. 기술과 제품에 드론을 넣을 경우에는 2번, 3번, 4번이 모두 가능하다. 드론을 활용하는 직업도 있을 것 같고, 드론 활용을 교육하는 직업도 가능하다. 어쩌면 나중에 드론 중독 치료사가 나올지도 모른다.

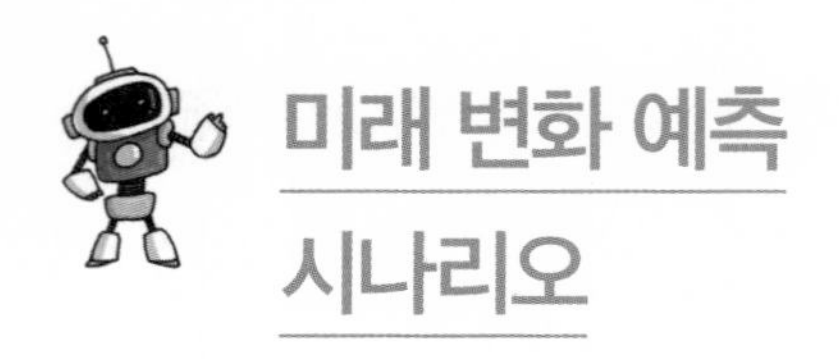

미래 변화 예측 시나리오

무인 자율주행자동차, 드론, 3D 프린팅, 인공지능, 로봇 등으로 대표되는 4차 산업혁명의 기술은 어떤 직업을 파생시킬까?

산업구조에 따른 직업 파생 하드웨어 차원에서 무인자동차 개발자, 드론 개발자, 3D 프린팅 개발자, 인공지능 개발자, 로봇 개발자 등. 소프트웨어 차원에서 각 기술의 운영 프로그램 개발자, 소프트웨어 개발자. 네트워크 차원에서 보안, 관리에 필요한 직업들.

제품 생애에 따른 직업 파생 각각의 미래 기술에 대해 연구, 개발, 생산, 영업, 홍보, 판매, 수리 등의 전 과정에 필요한 직업들.

주변 기술에 따른 직업 파생 각 기술의 주변에 파생되는 직업들.

사용 방식에 따른 직업 파생 각 기술을 활용하고, 교육하고, 중독을 치료하는 직업, 예를 들어 3D 프린팅을 활용하는 다양한 제조업뿐 아니라 3D 프린팅을 교육시키는 직업들.

이렇듯 새로운 기술이 등장해 생겨나는 직업이 있는가 하면 그 존립이 위협받는 직업도 있다. 새로운 기술은 그 이전의 기술을 흡수하기 때문이다. 이 주제에 대해서도 학생들과 이야기를 나눠 보았다. 미래 예측 기법 중 가장 친숙한 '시나리오 기법'을 활용해 생각해보라고 했다.

첫 번째 그룹은 '미래의 도로 모습 시나리오'를 발표했다. 말 그대로 미래 시나리오, 즉 미래일기처럼 스크립트를 만들었다.

"주말에 철수 가족은 야외로 드라이브를 가기로 했다. 먼 길을 가게 되니 각자 손에 간식거리와 읽을거리를 챙겼다. 아빠는 오늘 신문을 챙긴다. 물론 신문은 종이 신문 대신 신문사 전용 킨들로 본다. 가족이 모두 밴 차량에 탔다. 그런데 아빠가 운전석 대신 뒷좌석에 앉는다. 운전석에는 사람이 타지 않고 음식박스를 올려놓았다. 도로를 달리는데, 택시에도 버스에도 트럭에도 모두 운전석은 비어 있다. 무인자율주행 기술로 인해 정말 좋아진 점은 운전대를 잡지 않는다는 점 말고도 도로에 교통체증이 없다는 점이다. 따라서 교통경찰도 필요하지 않다. 또 하나 달라진 점이 있다. 주차가 쉽다. 비어 있는 곳을 찾아 스스로 주차하니 주차관리인도 필요 없고, 주차 문제로 싸울 일도, 행여 주차하다가 옆 차를 긁는 일도 없다. 교통사고도 없어서 자동차 보험업도 업종을 바꾼다."

시나리오를 통해 학생들이 예상한 직업 쇠퇴는 택시운전사, 버스 운전사, 트럭 운전사, 교통경찰, 주차 관리인, 자동차 보험업 등이다. 물론 학생 수준의 예상일 뿐이지만 그래도 눈썰미가 충분히 느껴진다. 실제로 구글이 선정한 최고의 미래학자 토머스 프레이는 무인운송으로 사라질 직업으로 이 같은 직업을 지목한 바 있다.

두 번째 그룹은 '미래의 하늘 풍경 시나리오'를 발표했다.

"민수는 친구들과 함께 체험학습을 갔다. 그런데 이번 체험학습은 좀 색다른 장소를 택했다. 서울을 좀 벗어난 곳에 아름다운 자연을 정부가 관리하는 풍경이 펼쳐진 곳이다. 특히 강물과 전체 풍경이 모두 보이는 '뷰'를 가진 빌딩이 유명하다. 그 빌딩은 주변 일대의 드론들을 관리하는 이른바 '드론통제소'이다. 전국 곳곳에 이런 드론 통제 빌딩이 있다. 비행기가 있는 공항은 위치가 제한되어 있지만, 드론은 워낙 많고 통제가 어려워 이렇게 곳곳마다 통제센터를 만들어 놓았다. 오늘 체험학습은 바로 이 드론통제센터를 방문하는 것이다. 센터 내부는 물론 직접 테라스 층으로 가서 주변의 드론들을 관찰할 수도 있다. 센터 빌딩에 도착하자마자, 건물 앞 관리사무소 앞에 여러 대의 드론이 착륙하고 있다. 자세히 보니, 드론마다 회사 마크가 보였다. 피자헛, 삼성, 쿠팡, SSG쓱 등 알 만한 브랜드이다. 택배 드론이 물건을 내리는 공간이 정해져 있다. 이러한 장소는 서울의 대부분 빌딩 앞에는 모두 있다. 법적으로 그렇게 규정이 되어 있다.

센터 관제소에 올라 안내를 받고 구경했다. 가장 기대했던 테라스 층에 도착했다. 360도로 주변을 볼 수 있도록 옥상에 위치한 곳이다. 민수의 눈을 먼저 사로잡은 것은 드넓은 논에 농약을 뿌리고 있는 드론이었다. 산이 있는 곳을 바라보니 산림 전체를 관리하는 드론이 산을 돌고 있었다. 바로 그때, 저 멀리 보이는 산에서 연기가 피어올랐다. 불이 난 것인가. 그러자 어디서가 붉은색 드론 10대가 쏜살같이 날아와서 불을 끄는 것이었다."

시나리오를 통해 학생들이 예상한 쇠퇴하는 직업은 택배기사, 각종 배달업, 산림감시원, 해충구제서비스 등이었다. 이러한 직업이 하는 일을 드론이 하고 있기 때문이다. 〈2045 유엔 미래 보고서〉는 이미 드론에 의해 사라질 직업으로 이 같은 업종을 지목했다.

세 번째 그룹은 '미래형 산업단지와 공장 견학 시나리오'를 발표했다.

"영수는 방학을 맞아, 외국 출장을 가게 된 아빠를 따라 독일에 가게 되었다. 아빠는 독일 현지의 생산 공장에 방문할 예정이었고, 아빠를 졸라 영수도 함께 동행하게 된 것이다. 일찍부터 미래형 4차 산업혁명 준비를 철저히 했던 독일은 세계 미래 산업을 선도하고 있었다. 특히 공장 시스템은 그야말로 세계 모든 엔지니어의 견학 1순위였다. 바퀴가 달린 안내 로봇과 함께 정해진 라인을 따라 견학할 수 있었다. 우선 가장 인상적인 것은 공장 노동자가

거의 보이지 않는다는 사실이었다. 그리고 공장에서 무언가 제품을 만드는 기계들을 보았는데, 왠지 모를 섬뜩한 느낌이 들었다. 프로그래밍된 일을 반복하는 것이 아니라, 뭔가 규칙이 흐트러지고, 때로는 잠시 멈추기도 하고, 다시 시작하기도 하고 뭐 그런 이상한 느낌…. 마치 생각을 하며 기계들끼리 서로 일의 속도를 조절하는 느낌이랄까. 살짝 소름이 돋았다. 설명을 들어보니 이 공장은 서로 네트워크로 연결되어 있어서 생산 분량과 속도를 재고 물량에 따라 자체적으로 조절한다고 했다.

한 곳의 견학을 마치고 그 옆 공장으로 이동했다. 말로만 듣던 3D 프린팅 제조 공장이었다. 역시 이곳에도 사람은 거의 없었다. 재미있는 점은 공장 안에서 한 가지 종류의 물건을 만드는 것이 아니라, 여러 종류의 물건을 소량씩 만들고 있다는 것이었다. 3D 프린팅 기술은 과거처럼 소수 품목을 대량으로 만들지 않고, 소비자들의 요구에 따라 소량을 수십 대의 대형 3D 프린팅이 필요한 분량만 만들어내고 있었다. 만들어진 제품들은 로봇들이 나르고 포장 역시 자동화되어 있었다. 마지막 공장에서는 더 재미있는 장면을 보았다. 초대형 3D 프린팅으로 실제 컨테이너 크기의 소형 주택을 만들고 있었다. 큰 집은 아니지만 머지않아 실제 큰 집도 만들 수 있겠다는 생각이 들었다."

위의 시나리오를 통해 학생들이 예상한 직업 쇠퇴는 각종 제조업기술자, 물류창고 노동자, 건축노동자 등이었다. 〈2045 유엔 미래 보고서〉를 보면 학생들이 발표한 직업 이외에도 건축 관련 홈리모델링 업종, 심지어 부동산 업종도 포함되어 있었다.

네 번째 그룹은 "빅데이터와 인공지능이 바꾼 미래의 모습 시나리오"를 발표했다.

"종수 씨는 유명한 엔터테인먼트 회사의 수석 매니저이다. 특히 그는 대한민국에서 가장 유명한 방송인 'J'양의 생활 주변 업무 전체를 관리한다. 이날은 월말이라 더 없이 바쁜 하루였다. 아침 출근과 함께 인공지능 비서에게 많은 양의 업무를 던져주었다. 세금 관련 세무정산을 먼저 시켰고, 다음으로 수입과 지출 회계정산을 지시했다. 인터넷 악성댓글을 달았던 악플러 20명을 고소하는 법률 업무도 지시했다. 그리고 어제 J양이 촬영 중에 팔꿈치 부상을 당해, 주치의와 원격진료한 내용을 오늘 식약청 시스템에 접속하여 조제된 약을 드론으로 받아야 한다. 이게 끝이 아니다. J양이 찍은 새로운 영화 홍보 기사를 인공지능이 초안을 작성하고, 이를 방송국 인공지능 서버에 보내는 일도 시켰다. 이 정도가 인공지능 비서에게 주문한 것이다. 나머지 업무는 종수 씨가 직접 챙겨야 한다. 먼저 J양의 홈 네트워크 중에 J양의 칫솔과 신발, 베개 등의 칩셋에 쌓인 건강 빅데이터를 통해 식단과 다이어트 및 피트니스 프로그램을 조정해야 한다. 그리고 최근 J양이 대학원 공부를 시작하고 싶다는 의사를 밝혔기 때문에 외국 대학의 모바일 원격 프로그램에 등록하는 일도 해야 한다. 프로세스가 단순하여 외국 대학의 석사과정도 어려운 일은 아니다. 물론 강의도 모바일로 수강 가능하다. 그리고 강의는 대중 공개 온라인 교육이 일상화되어 있다. 이렇게 급한 일정을 모두 사무실에서 마무리한 종수 씨는 그제야 한숨 돌리며 커피 한 잔을 마셨다. 잠시 창밖 풍경을 쳐다보니 로봇 정원사가 정원을 가꾸고 있었다."

시나리오를 통해 학생들은 상당히 많은 직업이 쇠퇴할 것이라 예상했다. 충격적인 것은 그중에 상당수가 전문직이라는 사실이다. 시나리오에 등장한 빅데이터와 인공지능 및 로봇의 발달로 쇠퇴할 가능성이 있는 직업은 기자, 영양사, 다이어트 전문가, 회계사, 세무사, 변호사, 약사, 외과의사, 조경사, 홈 헬스케어, 대학교 직원, 교수 등이다. 〈2045 유엔 미래 보고서〉에는 이런 직업들이 쇠퇴할 것을 예상하고 있다. 한편, 교수라는 직업은 무크MOOC라는 대중 공개 온라인교육의 등장으로 기로에 설 것으로 예상하고 있다.

이러한 이야기들은 흥미로운 한편 불안하다. 이제는 인공지능과 경쟁을 해야 하는 현실이다. 그럼에도 불구하고 앞에서 강조했듯이 두려움에 사로잡혀 넋 놓고 있어서는 안 된다. 오히려 더 나은 미래를 만드는 방법을 이야기해야 한다.

경쟁에서 이기는 최고의 방법은 '경쟁하지 않는 것'이다. 이게 무슨 말인가. 지금까지 우리의 오랜 역사 속에서 익숙해진 '직업'에 대한 고정관념을 완전히 깨고, 경쟁하려는 마음조차 내려놓고, 아예 새로운 '일'과 '일자리'를 만들어버리는 창조의 삶을 살아보는 것이다. 이것이 바로 4차 산업혁명 시대를 즐기는 방식이라 확신한다. 기술은 즐기고 누리되, 직업은 자신이 미래의 새로운 필요에 따라 만드는 방식으로 살아가는 것이다. 이미 '신직업' 발굴을 위해 국가 정책을 펴기 시작했다. 바로 '창직Job Creation'이다.

○○일보가 진행하는 미래 100년 포럼의 대표는 이와 관련하여 이렇게 강조했다.

"21세기 미래 교육을 앞장서서 하겠다는 취지로 여러 시도를 했다. 답을 빨리 전하고 나가서 사용할 수 있도록 하는 게 20세기 교육이었다. 21세기는 다른 문명사가 펼쳐지고 있다. 답이 없는 세계다. 삼성을 비롯한 여러 기업도 '있는 답'을 찾지 않는다. 그래서 학생들에게 '개척하는 지성'을 강조했다. 유람선은 오지 않는다. 요트든 뗏목이든 스스로 만들어 항해해야 한다. 평생 배울 수 있으면 평생 직업을 가질 수 있다. 스스로 생각하는 '지식의 근육'을 키워 '창직創職'해야 한다."

이것이 바로 우리가 기대하는 최적의 미래예측 시나리오다. 이러한 태도와 역량은 기계적으로 주입할 수 있는 것이 아니기에 지금 여러분에게 필요한 것은 '지식근육' '생각근육' '창조근육'이다.

부정적인 프리즘을 돌리면 그 직업이 사라진다는 불안감에 시달리지만,
긍정적인 프리즘을 사용하면 이처럼 능동적으로 변화에 대응하고 대비하여
결국 변화를 주도하게 된다. 이 모든 것이 바로 미래 변화에 대한
반응의 차이에서 비롯된 것이다.

PART 3

직업의 변화를 알면 내 일이 보인다

현재 직업이 미래를 만나면?

언젠가 한 고등학교에서 동아리 리더들을 대상으로 '진로 리더 멘토링'을 진행한 적이 있다. 그날의 주제가 '미래직업'이었다. 수업 중에 재미있는 실험을 진행했다. 학생들에게 가장 관심 있는 미래 직업과 미래 기술이 뭐냐고 물었더니 '드론'이라는 답이 나왔다. 직업에 대한 방대한 정보를 담고 있는 직업정보시스템에 '드론'을 적어 넣고 검색을 해보았다. 강연을 하면서 실시간으로 검색하는 것이라서 학생들도 숨죽이며 함께 화면을 주시했다. 클릭과 함께 검색 결과가 화면에 떴는데 그 순간 학생들은 망연자실했다.

검색어 '드론'에 대한 직업정보시스템의 검색 결과는 딱 1건이었다. 그 1건의 결과는 바로 '카드론 사무원'이었다. 드론이 아직 정식 직업체계로 교육시스템에 올라가지 않은 것이다. 그렇다. 우리가 너무 앞서간 것이다. 적어도 국가가 정식 직업으로 인정하고 시스템에 포함시키기 위해서는 한국고용정보원과 한국직업능력개발원 등과 여러 유관 정책기관의 검증을 거쳐야 대한민국 직업사전, 직업정보시스템에 입성할 수 있다. 미래직업 세계를 뒤흔들 핫 이슈가 드론이긴 하지만 아직 카드론 사무원에 밀리는 것이 현실이다.

혹시나 해서 키워드를 바꿔 '무인항공'이라고 입력해보았다. 그러나 검색 결과는 '0'. 그래도 '드론'이라고 검색했을 때는 '카드론 사무원' 1건이라도 결과가 나왔는데, '무인항공'으로는 검색 결과가 아예 나오지 않는다.

아직 포기하지 않고 이번에는 다소 현실적인 키워드를 입력했다. '항공'이라는 단어로 입력을 해보았다. 그랬더니 검색 결과로 직업 정보 37건이 나왔다. 항공과 직접 관련이 있는 '항공공학기술자, 항공권발권사무원, 항공기유도원, 항공기조종사, 항공운항관리사' 등이 눈에 띄었다. 관련 직업군이나 주변 직업도 검색되었다. 예를 들어 '감정평가사, 기계공학기술자, 사진측량 및 분석가, 소방관, 안내 및 접수사무원, 여행상품개발자, 운송관련관리자, 지도제작지술자, 촬영기사, 출입국심사관, 타이어 및 고무제품 생산기 조작원, 텔레마케터, 포워더복합운송주선인' 등이 검색 결과로 나왔다.

이 지점에서 재미있는 실험을 해보았다. 항공 관련 현재 직업 검색 결과에 '드론'이라는 미래직업 코드를 대입시켜보면 어떤 결과가 나올지 학생들에게 조별 토론을 시켰다. 한국직업정보시스템에 '항공'으로 검색하여 나온 37건의 직업 정보 중 절반인 17개 직업을 '드론'이라는 미래 분야로 대체하는 미래직업 토론 결과가 나왔다. 물론 학생들의 순수한 상상에 기초한 것이지만, 왠지 입에 착착 감기는 게 느낌이 좋았다. 미래에 충분히 나올 법한 직업들이고, 이미 현재 등장한 직업도 꽤 있다.

- 감정평가사 → 드론 큐레이터
- 기계공학기술자 → 드론 동체개발자
- 사진측량 및 분석가 → 드론 활용 토지 측량 전문가
- 소방관 → 드론 화재방지 시스템 개발자
- 안내 및 접수사무원 → 드론 택배 물류 접수원
- 여행상품개발자 → 드론 항공 촬영 가이드
- 운송관련관리자 → 드론 물류운송 관리자
- 지도제작기술자 → 드론 탑재 GPS 전문가
- 촬영기사 → 드론 원격 촬영 기사
- 출입국심사관 → 드론 국경 항로 통제원
- 타이어 및 고무제품생산기조작원 → 드론 부품 공급원
- 텔레마케터 → 드론 서비스센터
- 항공공학기술자 → 드론 공학 기술자
- 항공권발권사무원 → 드론 항로 통제 발권담당자
- 항공기유도원(마샬러) → 공공 드론 이착륙 유도원

- 항공기조종사 → 드론 조종 등급별 전문가
- 항공기운항관리사 → 드론 관제사

학생들의 발표를 들으면서 추가로 질문해보았다. 어떻게 이런 직업들이 만들어졌는지 궁금했기 때문이다. 먼저 '드론 국경 항로 통제원'이 무슨 직업인지 물었다. 답변이 바로 나왔다.

"땅에서는 국경선이 있어 넘나들 때 통제가 수월한데요. 하늘은 쉽지 않을 것 같아요. 개인 드론이 하늘을 통해 국경을 넘나드는 것을 통제하는 시스템이 필요해질 것 같아요. 당연히 그것을 담당하는 전문가도 필요할 것 같고요. 그런 일을 하는 사람을 '드론 국경 항로 통제원'이라고 이름 붙여 보았어요." 나름 토론을 치열하게 했을 법한 답변이었다.

또 물어보았다. "드론 조종 등급별 전문가? 이 직업은 또 뭘까?" 학생들이 어떤 설명을 내놓을지 기대가 되었다.

"어떤 직업들은 공식적인 자격 등급이 존재하잖아요. 교육공무원은 1급, 2급 자격이 있고, 사회복지사도 1급, 2급 자격 같은 게 있는 것처럼 드론 자체에도 등급이 있고, 드론을 사용할 수 있는 자격에도 등급이 필요할 거라 생각해요. 그런 등급을 정하고, 심사하는 전문가도 필요할 거고요. 태권도 단증 심사하는 것처럼 말이에요." 설명이 제법 근사했다. 보람이 있었다. 이러한 발상은 그 학생들이 똑똑해서가 아니라, 기존에 충분한 진로교육을 통해 자신만의 진로성숙도를 갖추고 있었기 때문이다. 진로성숙도란, 자신에 대한 이해와 직업에 대한 이해, 이 두 가지 균형점을 갖고 있는 것을 말한다.

동아리 학생들과의 흥미로운 활동 이후 몇 년이 흐른 뒤, 문득 추억과 호기심이 발동하였다. '한국직업정보 시스템'에 들어가 오랜 만에 다시 '드론'키워드를 입력하였다. 과연 여전히 "0" 또는 "카드론 사무원"만 나올까.

한국직업사전 찾기(6건)			
드론수리원	드론조종사	드론개발자	드론교관
카드론사무원	무인항공촬영기사		

공식직업사전에만 6개의 신선한 직업명이 올라와 있었다. 드론수리원, 드론조종사, 드론개발자, 드론교관, 무인항공촬영기사 그리고 불멸의 카드론 사무원은 건재하였다. 목록을 보다가 일순간 "와우"라는 감탄사가 새어나왔다. 몇 년 전 동아리 학생들이 만들었던 드론 관련 미래직업 중에 상당수가 겹치는 것이다. 당시 학생들이 발표했던 드론 동체개발자, 드론원격촬영기사, 드론서비스센터상담 수리원, 드론조종등급별 전문가 등이 벌써 현실화 된 것이다. 학교 담장 안에 있으나, 학생들의 시야는 충분히 '탁' 트일 수 있다.

시대에 따라 직업은 변한다

과거에서 현재, 미래로 이어지는 시간의 흐름 속에서 다양한 직업이 생성하고 소멸되어 왔다. 직업 변화의 원리는 3가지로 정리할 수 있다. 첫째, 산업구조의 변화, 둘째, 인구구조의 변화, 셋째, 생활방식의 변화가 그것이다. 그러나 이제 이러한 변화의 원리로 현재와 미래를 설명하기에는 역부족이다. 새로운 프레임이 필요하다. 요즘엔 현재와 미래의 직업 변화를 만들어낼 변화의 원리로 8가지를 들고 있다.

기술의 변화 첨단과학의 발달, ICT(Information and Communications Technology)의 발달

산업구조의 변화 농림어업, 제조업 일자리 변화, 서비스산업 확대

인구구조의 변화 베이비붐 세대 퇴직, 저출산, 고령화

기후환경의 변화 기후 예측 중요성 부각, 환경기준의 강화

생활방식의 변화 생활여건의 향상, 삶의 질 향상

정부 정책의 변화 금리정책, 부동산정책, 복지국가지향, 기후변화로 인한 규제

글로벌 환경의 변화 국제화 시대, IT 발달로 국가 간 경계 변화

직업가치관의 변화 고용안정 중시, 평생직장보다는 평생직업 중시

이것은 말 그대로 원리이다. 이 원리를 대한민국의 현재로 가져와서 보다 구체적인 미래직업화로 설명하기 위해서는 8가지 원리를 좀 더 현실적이고 구체적인 언어로 바꿀 필요가 있다. 한국고용정보원에서 〈한국직업전망〉이라는 리포트를 발표했다. 여기에서 제시하는 향후 10년간 우리나라 직업 세계에서 나타날 10가지 트렌드를 살펴보자. 앞서 제시한 8가지 미래직업 변화의 원리보다 좀 더 직접적인 변화 방식을 읽어낼 수 있다.

1. 엔지니어 및 전문직의 고용 증가 및 전문화
2. 환경 및 신·재생에너지 관련 직종의 고용 증가
3. 창조산업 관련 직종의 고용 증가
4. 미용 및 건강 관련 직종의 고용 증가 및 전문화
5. 안전과 치안, 보안 관련 직종의 고용 증가
6. 개인 서비스 및 반려동물 관련 직종의 고용 증가 및 전문화
7. 저출산 및 고령화에 따른 직업구조 변화

8. 온라인 거래 및 교류 방식의 확산에 따른 직업구조 변화

9. 기계화와 자동화에 따른 생산기능직의 고용 감소

10. 3D 직종의 고령화 및 청년층 취업 기피로 인한 인력난 가중

새롭게 생겨나는 직업

트렌드의 변화를 토대로 어떤 직업이 실제로 생겨나고 있을까. 너무 먼 미래는 무리가 있고 현재와 가까운 미래의 직업 변화를 예측해보는 것이 현실적이다. 직업이 생겨난다는 것은 어느 날 누가 갑자기 "난 이런 직업을 새롭게 시작합니다. 어디에도 없는 새로운 것이에요"라고 말한다고 되는 것은 아니다. 직업이라는 것은 국가 차원에서 직업으로 분류하고 등재하는 정책이라고 볼 수 있다. 각 나라마다 직업 분류 체계가 있고, 구체적인 직업 세부 체계를 갖추고 있다. 따라서 직업이 새로 생겨난다는 것은 국가 차원에서 연구를 하고 정책적으로 대한민국 직업사전과 직업정보시스템에 공식화하는 것이다.

현재와 가까운 미래의 직업 변화를 위해 이미 2013년부터 본격적인 연구를 시작했다. 가장 먼저 시도한 연구는 외국의 직업들을 비교하여, 우리에게는 없지만 외국에 있는 것 중에서 우리가 받아들일 만한 가능성이 있고, 시대의 변화를 반영하는 것을 찾기 시작했다. 물론 미국, 일본, 영국 등의 선진국을 주로 연구하였고, 위에서 제시한 시대 변화 원리와 트렌드를 반영하여 가능성

있는 직업들을 발표했다. 이 중에서 우선 도입 가능 직업으로 102개를 발굴했다. 개인 서비스 11개, 경영 행정 10개, 공공 안전 4개, 교육 13개, 복지 16개, 상담 6개, 의료 21개, 스포츠 문화 5개, 동물 4개, 자연환경 12개 등이다. 상상력을 자극할 신직업의 예비 목록을 구체적으로 살펴보자.

개인 서비스 분야

소셜미디어전문가, 도우미로봇전문가, 이혼부모코디네이터, 여가생활상담원, 타투이스트, 네일아티스트, 주변환경정리전문가, 이혼플래너, 매매주택연출가, 디지털장의사, 소비생활어드바이저

경영 행정 분야

협동조합코디네이터, 자금조달자, 평판관리전문가, 분쟁조정사, 그린마케터, 기업프로파일러, 기업컨시어지, 탄소배출권중개인, 직무분석가, 신사업아이디어 컨설턴트

공공 안전 분야

민간조사관, 영유아 안전장치 설치원, 도로안전유도원, 교통행정처분상담자

교육 분야

재능기부코디네이터, 빅데이터전문가, 과학커뮤니케이터, 뇌기능분석/뇌질환전문가, 줄기세포연구원, 감성인식기술전문가, 인공지능전문가, 홈스쿨코디네이터, 창의트레이너, 보조교사, 지역사회교육코디네이터, 잡투어플래너, 정밀농업기술자

복지 분야

조부모-손자녀 유대관계 전문가, 베이비플래너, 장애인여행코디네이터, 육아감독관, 방문목욕도우미, 입양사후관리원, 노년플래너, 케어매니저, 재활 및 교육돌보미, 보건 및 사회시설 품질평가원, 가정방문건강관리사, 방문미용사, 장애인잡코치, 산업카운슬러, 임신갈등상담사, 복지주거환경코디네이터

상담 분야

라이프코치, 약물 및 알코올중독 전문가, 정신대화사, 사별애도상담원, 자살예방상담가, 퇴직지원전문가

의료 분야

의료용로봇전문가, 정형외과신발제작자, 놀이치료사, 병원아동생활전문가, 당뇨상담사, 레크리에이션치료사, 자연치유사, U-Health전문가, 보조약사, 개업물리치료사, 검안사, 원격진료 코디네이터, 의학물리사, 운동치료사, 척추교정사, 정시훈련전문가,

보조의사, 의료소송분쟁조정사, 음악치료사, 유전학상담전문가, 의료일러스트레이터

스포츠 분야

문화매니저, 홀로그램전문가, 아웃도어인스트럭터, 댄스치료사, 도시재생전문가

동물 분야

수의테크니션, 애완동물장의사, 동물관리전문가, 애완동물행동상담원

자연 환경 분야

가정에코컨설턴트, 냄새판정사, 지속가능전문가, 에너지절감시설원, 그린장례지도사, 온실가스관리컨설턴트, 기후변화전문가, 리싸이클링코디네이터, 오염지재개발전문가, BIM디자이너, 그린빌딩인증평가전문가, 산림치유지도사

위에 열거한 102개 직업은 후보군에 해당한다. 이 중에서 신직업을 엄선하여 2014년 44개를 먼저 발표하고, 2015년 17개를 추가로 발표했다. 신중에 신중을 거듭한 결과이다. 그것도 그냥 직업 목록을 발표하는 게 아니라 세부적으로 정책 지원 방향이 담

겨 있다.

크게 5가지 범주가 있다.

첫 번째는 정부가 적극 지원하고 육성하여 시장을 형성하겠다고 선언한 직업이 있다. 가장 지원이 강력한 직업들이며, 전문 직종으로 자리를 잡을 때까지 지원하는 직업들이 여기에 속한다. 두 번째는 자격증 제도를 만들고, 고용 촉진을 돕는 직업들이다. 고용 촉진을 돕는다는 것은 공공부문부터 일자리를 만들어보겠다는 것이다. 세 번째는 민간에서 자생적으로 직업이 생겨나도록 지원하는 직업들이다. 네 번째는 중장기적으로 긍정 검토해보겠다는 직업들이다.

이러한 공식 범주에는 없지만, 신직업 목록에 포함된 직업들도 있다. 이미 생겨났거나, 생겨날 가능성이 있는 이색 직업들이다. 이를 정부에서는 '신생 및 이색 직업'이라고 이름 붙였다. 이렇게 해서 탄생한 44개 신직업2014년과 이후에 발표한 17개 신직업2015년, 그리고 신생 및 이색 직업 19개를 소개한다.

2014년 탄생한 신직업 44개

민간조사원, 전직지원전문가, 산림치유지도사, 연구기획평가사, 연구장비전문가, 연구실안전전문가, 온실가스관리컨설턴트, 화학물질안전관리사, 협동조합코디네이터, 소셜미디어전문가, 지속가능경영전문가, 녹색건축전문가, 주거복지사, 문화여가사, 인공지능전문가, 감성인식기술전문가, 정밀농업기술자, 도시재생전문가, 빅데이터전문가, 홀로그램전문가, BIM빌딩정보모델링디자이너, 임신출산육아전문가, 자살예방전문요원, 약물중독예방전문요원, 행위중독예방전문요원, 과학커뮤니케이터, 수의사보조원동물간호사, 분쟁조정사, 디지털장의사, 기업컨시어지, 노년플래너, 사이버평판관리자, 가정에코컨설턴트, 병원아동생활전문가, 기업프로파일러, 영유아안전장치설치원, 매매주택연출가, 이혼상담사, 주변환경정리전문가, 애완동물행동상담원, 신사업아이디어컨설턴트, 그린장례지도사, 생활코치, 정신대화사

2015년 탄생한 신직업 17개

기업재난관리자, 의약품인허가전문가, 주택임대관리사, 레저선박시설마리나전문가, 대체투자전문가, 해양설비플랜트기본설계사, 방재전문가, 미디어콘텐츠창작자, 진로체험코디네이터, 직무능력평가사, 3D 프린팅운영전문가, 상품공간스토리텔러, 개인간P2P대출전문가, 의료관광경영컨설턴트, 크루즈승무원, 기술문서작성가, 문신아티스트

신생 및 이색 직업 19개

창작자에이전트, 모바일광고기획자, 디지털광고게시판기획자, 게임레벨디자이너, 게임테크니컬아티스트, 온라인결제서비스기

획자, 모낭분리사, 식생활지도사, 생물정보분석가, 스마트헬스케어서비스기획자, 생명윤리운영원, 드론조종사, 헬리캠촬영기사, 창업보육매니저, 귀농귀촌플래너, 웹툰기획자, 스포츠통역사, 레지스트라 소장품관리원, 전통가옥기술자

강점에 맞춘 관심 직업군

앞서 진로교육을 통해 자신의 강점을 찾았던 학생들이 1장 59쪽이 있었다. 그들의 기존 꿈은 기계엔지니어, 뮤지컬 무대연출가, 수학교수, 패션디자이너, 교사, 상담가, 환경보호단체활동가이다. 그들은 이제 자신의 강점에 근거하여 다른 직업을 준비하고 있다. 앞서 목록에 제시한 총 80개의 신직업을 보고 학생들은 새로운 관심직업군을 발표했다.

"저는 신체운동지능이 강점이에요. 제가 관심 있는 미래직업은 레저선박시설(마리나)전문가, 방재전문가, 3D 프린팅운영전문가, 스마트헬스케어서비스기획자, 드론조종사, 헬리캠촬영기사입니다."

"저는 음악지능이 강점이에요. 제가 관심 있는 미래직업은 미디어콘텐츠창작자입니다."

"저는 논리수학지능이 강점이에요. 제가 관심 있는 미래직업은 기업프로파일러, 민간조사원, 연구기획평가사, 화학물질안전관리사, 인공지

능전문가, 감성인식기술전문가, 빅데이터전문가, 홀로그램전문가, 과학커뮤니케이터, 의약품인허가전문가, 대체투자전문가, 생물정보분석가입니다."

"저는 공간지각지능이 강점이에요. 제가 관심 있는 미래직업은 전통가옥기술자, 게임레벨디자이너, 문신아티스트, 상품공간스토리텔러, BIM(빌딩정보모델링)디자이너, 주변환경정리전문가입니다."

"저는 인간친화지능이 강점이에요. 제가 관심 있는 미래직업은 기업컨시어지, 노년플래너, 병원아동생활전문가, 생활코치, 전직지원전문가, 협동조합코디네이터, 주거복지사, 문화여가사, 임신출산육아전문가, 개인간(P2P)대출전문가, 크루즈승무원, 창업보육매니저, 진로체험코디네이터, 사이버평판관리자입니다."

"저는 언어지능이 강점이에요. 제가 관심 있는 미래직업은 스포츠통역사, 기술문서작성가, 모바일광고기획자, 디지털광고게시판기획자입니다."

"저는 자기성찰지능이 강점이에요. 제가 관심 있는 미래직업은 자살예방전문요원, 약물중독예방전문요원, 행위중독예방전문요원, 이혼상담사, 정신대화사입니다."

"저는 자연친화지능이 강점이에요. 제가 관심 있는 미래직업은 삼림치유지도사, 온실가스관리컨설턴트, 녹색건축전문가, 정밀농업기술자, 가정에코컨설턴트, 애완동물행동상담원, 그린장례지도사, 전통가옥기술자, 귀농귀촌플래너, 생명윤리운영원입니다."

이 학생들이 실제 미래에 어떠한 직업을 가질지는 지켜봐야겠다. 중요한 것은 자신의 강점을 잘 파악하는 것이 기본이라는 점이다.

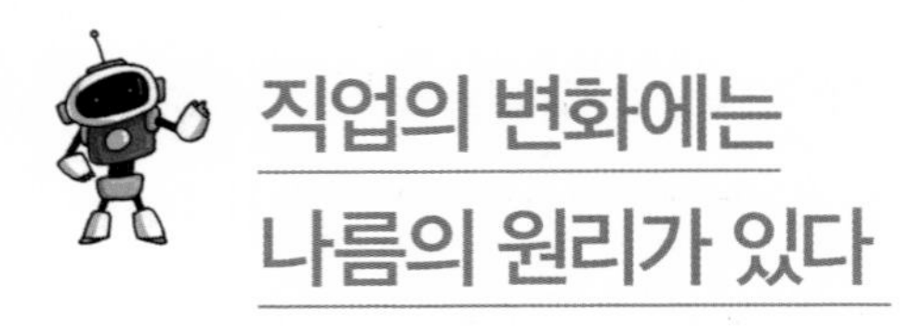

직업의 변화에는 나름의 원리가 있다

한번 생각해보자. 취업이 안 되는 아들과 명예퇴직을 종용받고 있는 아버지가 식탁에 앉아 밥을 먹고 있다. 아들은 번듯한 대학을 나왔지만 취업이 안 돼 아버지의 도움으로 취업준비생 시기를 버티는 중이다. 아버지는 회사가 가시방석이다. 평생직장이라고 생각하며 버텨왔는데 아직도 한참을 더 버텨야 한다. 이번 시즌에도 희망퇴직 지원자를 받고 있어 무언의 압박이 심하다. 아들의 상황은 어떤가. 얼른 취업을 해야 아버지에게 더 이상 신세지지 않고 독립할 수 있는데 도무지 일자리가 없다. 기성세대가 좀 더 양보하고, 자리를 내주어야 젊은 취업자가 들어설 틈이 생기는데 쉽지가 않다.

이 상황을 단순화시키면 아버지가 그만두어야 아들이 취업을 할 수 있다. 제로섬 게임 같다. 그러나 아버지와 아들의 일자리 경쟁은 서로 지원하는 분야나 선호하는 분야가 크게 겹치지 않는다며 논란이 일기도 했다. 이처럼 인간 대 기계의 일자리 대결 또한 싸움의 정체를 잘못 이해한 것은 아닐까. 인공지능이나 로봇을 일자리의 적으로 생각하는 순간 로봇은 극복의 대상이 된다. 정해진 일자리를 놓고 비참한 줄다리기를 하게 된다. 싸움의 대상, 싸움의 방법을 근본적으로 바꾸는 인식의 전환이 필요한 이유다. 반면 접근을 달리해 일자리의 적이 아니라 효율성과 생산성을 높이는 도구, 수단, 과정으로 인식하면 파트너십이 생긴다.

인식의 전환은 변화의 중심에 마치 원심력처럼 자리 잡고 있는 본질을 이해하는 데서 시작된다. 기술의 변화 속도에 휘둘리지 않고 여유 있게 그 변화를 이해하고 수용하며 활용하기 위해서는 본질 이해가 필수다. 너무 추상적으로 들릴 테니 예를 들어보자.

혹시 떡볶이 없는 세상을 상상해본 적이 있는가. 50년 뒤에 여러분이 좋아하는 매콤한 떡볶이를 캡슐로 먹는 날이 오지는 않을까. 아마도 그런 날은 오지 않을 것이다. 그러나 떡볶이의 세계도 끊임없이 변화해 왔다. 가장 큰 변화는 기업화이다. 특정 맛과 특징을 개발해 같은 맛을 낼 수 있도록 재료를 표준화했다. 할머니의 손맛을 따라갈 수는 없지만 할머니의 손맛을 규격화해 프랜차이즈를 만든 것이다. 다른 한편으로 큰 변화는 색다른 떡볶이를 추구하게 된 것이다. 전자레인지에 돌리면 손쉽게 먹을 수 있는 컵라면 형태의 떡볶이, 치즈가 쏙쏙 박힌 떡볶이, 느끼한 맛이 특징인 퐁듀떡볶이 등이 등장해 인기를 끌었다. 떡볶이라는 본질이 어떻게 변화되어 왔는지 살펴보면, 그 속에 변화의 원리가 있다. 그 원리는 다름 아닌 사람들의 '필요'와 '욕구'이다. 사람들의 필요가 변하는 것에 주목하고, 그 필요를 충족시키는 방향으로 변화는 일어나게 마련이다. 이것이 바로 떡볶이의 본질을 유지한 채, 상품이 변화해가는 '변화 원리'이다.

떡볶이의 본질은 고추장의 매운맛, 빨간색의 비주얼, 떡의 쫀득함…. 이는 떡볶이라는 이름에 담긴 정체성이다. 이 본질에 사람들의 필요와 욕구를 반영하면 수많은 변화가 탄생한다. 매운맛을 더 맵게 먹고 싶은 사람이 있는가 하면, 떡볶이는 먹고 싶으나 매운 것은 또 못 먹는 소비자도 있다. 이에 따라 매운맛과 덜 매운맛이 등장한다. 떡볶이 떡이 건강에도 좋은 재료이면 좋겠다는 욕구가 생기자 쌀떡볶이가 등장했다. 그런데 오히려 다시 예전의 미끈하고 쫄깃한 밀가루떡을 그리워하는 욕구가 일자 쌀떡과 밀떡을 구분하고 선택권을 주었다. 본질을 이해하면 변화는 무궁무진해진다.

그런데 변화에 대해 한 가지 더 생각해볼 것이 있다. 도대체 떡볶이에 대한 사람들의 욕구와 필요는 왜 바뀌었을까. 맛에 대한 취향은 왜 바뀌었고, 다양성에 대한 선택권은 왜 생겼으며, 왜 간편하게 구입하려고 할까. 다름 아닌 삶의 방식, 즉 라이프 스타일이 바뀌었기 때문이다. 더구나 인구구조에도 변화가 생겼다. 출생률이 줄고 초등학생도 점점 줄고 있다. 1인 가구가 폭발적으로 증가하고 있다. 그러다 보니 퇴근하는 길에, 혹은 야밤에 슬리퍼 신고 어슬렁거리며 나와서 편의점에서 떡볶이컵을 사서 전자레인지에 돌린다. 변화의 요소를 자세히 들여다보니 시대적인 변화 원리가 보이기 시작한다.

시대적 변화 원리 = 라이프 스타일의 변화, 인구구조의 변화

변화 속에 숨겨진 본질

라이프 스타일의 변화, 인구구조의 변화는 직업의 변화를 만들어낸 3대 원리에 해당된다. 여기에 산업구조의 변화가 더해지면 직업 변화의 고전적 원리가 완성된다. 하지만 좀 더 근본적이고 크게, 그리고 미래의 변화까지 담을 수 있는 변화 원리가 있다.

미래직업변화의 원리 = 라이프 스타일의 변화, 인구구조의 변화, 정책의 변화, 기술의 변화, 환경 기후의 변화, 직업가치관의 변화, 산업구조의 변화, 글로벌 환경의 변화

역사를 관찰하여 현재를 이해하고, 현재를 관찰하여 미래의 변화를 예측하는 법이다. 관심을 가지고 관찰하면 통찰이 보인다. 우리는 시대적 변화 앞에서 고민 중이다. 선택은 크게 4가지다. 직업을 바꾸지 않고 내용 변화를 할 것인가. 아니면 일명 뜨는 분야

로 직업 분야를 옮길 것인가. 직업과 직업을 새롭게 결합하고 융합할 것인가. 새로운 직업을 아예 만들어낼 것인가.

이를 실전에 한번 응용해보자. 대학을 갓 졸업한 사회초년생 새내기들이 뭉쳐서 사업을 해보고자 한다. 급하게 장사를 접게 되는 떡볶이 분식집 매물을 이어받아 떡볶이 사업을 시작한다고 치자. 이 경우 직업 변화의 방식에 따라 기존 매장의 내부 인테리어와 메뉴 전체를 새롭게 재구성할까. 아니면 보드게임방과 떡볶이 분식을 융합한 문화공간을 연출할까. 혹은 떡볶이를 요리로 승화시킨 떡볶이 뷔페라는 것을 새롭게 만들어볼까. 그것도 아니면 아예 기존의 모든 것을 버리고, 아예 3D 프린팅서비스센터로 갈아탈까.

변화의 원리를 이해하게 되면 막연한 두려움에 휩싸이기보다 직업의 변화를 직접 상상하고 설계하고 창조해내는 안목이 생겨난다.

떡볶이로 신사업을 하려고 할 때, 변화의 원리와 방식에 따라 구상하는 것은 사실 전체 준비 과정에서 빙산의 일각에 불과하다. 변화의 방식을 선택하기에 앞서, 오랜 시간 지루하리만큼 성실한 시장조사가 선행되어야 한다. 필요하다면 전문가의 도움을 받아서라도 이 분야가 실제 일정 기간이 지난 뒤에 자리를 잡아 지속적인 매출을 낼 수 있는 어엿한 직업이 될 수 있는지를 확인해야 한다. 이것은 정말 큰 고민이 아닐 수 없다. 떡볶이 사업을 하려고 할 때 변화의 방식에 대한 고민과 더불어, 아주 근본적인 질문을 던질 수 있어야 한다.

"Why 떡볶이?"

떡볶이 자리에 김치를 넣을 수도 있고, 라면을 넣을 수도 있으며 혹은 음식이 아닌 다른 것을 넣을 수도 있다. 이는 아이템의 문제, 소재의 문제를 말하는 것이다. 아주 근본적이면서도 그렇다고 끝이 보이는 것도 아닌 지루한 작업일 수도 있다.

오리지널 복고 떡볶이 광풍이 불었다고 바로 그 사업에 뛰어들었다가 비슷한 사업이 우후죽순 생겨나는 시점이면 대개 유행은 사라지고 사업은 주저앉는 경우가 많다. 일시적 유행은 '패드Fad'라고 한다. 1~3년간 이어지는 시대 흐름은 '마이크로트렌드Microtrends'에 가깝다. 일반적인 '트렌드'라는 명칭은 3~10년 가까이 유지된다. 그리고 10년 이상 어떤 문화로 자리매김하는 것은 '메가트렌드Megatrends'라고 부른다. 떡볶이를 메가트렌드로 인식할 경우, 그 안에서의 작은 트렌드는 무엇인지, 그리고 최근 작게 유행이 일어났는데 일정 기간 앞으로 지속될 것 같은 이슈가 있다면 이를 '이머징 이슈Emerging issue'라고 한다. 이머징 이슈는 대개 미래 트렌드의 씨앗이 되기도 한다. 떡볶이 세계에서는 수많은 변화를 겪은 뒤, 다시 오리지널 떡볶이가 자리매김하고 있다. 끝없는 변화 중간, 혹은 그 끝자락에는 본질로 돌아가는 회귀가 늘 존재한다.

하지만 반드시 메가트렌드를 고집할 필요는 없다. 앞서 언급한 미래직업 변화의 핵심 원리에 따르면, 1인 가구로 인한 상품의 소량화, 맞춤화 등이 일반화되는 추세이다. 따라서 반드시 전체가 좋아하는 떡볶이가 아니면 안 되는 시대가 아니라, 특정 차별화가 가능한 떡볶이를 지향하면 그래서 적어도 그 상품의 수요가 일정 지역, 일정 계층, 혹은 일정 시기에 집중되면 해볼 만한 접근이다. 마이크로트렌드를 추구하는 것이다. 이 역시 시대의 변화, 미래 변화가 가져온 특징이다. 모든 미래 변화는 바로 직업의 변화로 연결된다.

기술은 변하지만 본질은 지속된다

매년 초겨울이 되면 한국야쿠르트 아줌마 수천 명이 모여 김장을 담가 어려운 이웃들에게 나눠준다. 언제까지 이 일이 지속될 수 있을지 조마조마하던 차에 광장에서 김장을 담그는 인원수를 확인해보니 약 5천 명이었다. 내친김에 실제 한국야쿠르트에서 일하는 전체 판매원 수를 물어보았더니 1만 3천 명이라는 답변을 확인했다. 1971년 47명으로 시작한 한국야쿠르트의 판매원은 1975년 1천 명을 넘어섰고, 1983년 5천 명을 넘어섰다. 그리고 1998년에는 드디어 1만 명을 돌파했다. 2016년 기준으로는 1만 3천 명이 매일 아침 야쿠르트를 배달하고 있었다. 놀라운 것은 한국야쿠르트 연매출 1조 원 중 97%가 바로 야쿠르트 아줌마들의 노동으로 채워진다는 사실이다. 야쿠르트의 본질에서 아줌마들을 빼고는 그 어떤 변화도 설명이 어려운 이유다. 야쿠르트 아줌마가 본질에 해당하므로 야쿠르트의 다양한 변화는 이 본질을 중심으로 이루어졌다. 그녀들은 처음에 가방을 메고 다녔지만, 이후에는 전동모터가 달린 카트를 끌고 다녔다. 그리고 2014년부터는 3세대 전동카트를 보급하여 아줌마들이 그 위에 올라탈 수 있도록 했다. 카트 위에는 220리터 용량 냉장고를 장착했고, 그 속에는 '헬리코박터 프로젝트 윌' 1천 개를 실을 수 있는 공간이 있다. 시속 8km로 달린다. 이분들의 하루 평균 근무시간은 6.8시간이고, 한 달에 평균 170여만 원의 보수를 받는다. 지정된 배달 업무 이외에는 출퇴근이 자유롭다고 한다.

본질을 중심으로 변화는 계속 일어난다. 야쿠르트 아줌마들의 카트는 아마도 2025년이 되면 야쿠르트머신으로 바뀌어 있을지도 모른다. 한국야쿠르트는 본질을 잘 유지하기 위해 아줌마들의 카트를 끊임없이 연구 개발하여 개선하고 있다. 한편, 설문조사를 통해 오랜 전통의 노란색 유니폼은 분홍색 계열로 바꾸었다. 이 역시 본질 중심의 변화이다. 시대의 변화에 따라 '김장나눔'을 통해 사회공헌도 하니 이 직업군에 대한 사회적 인식은 거의 초코파이의 '정情' 수준이다.

요구르트의 본질은 무엇일까? 이 질문을 좀 더 쉽게 바꿔보자. 왜 사람들은 수백 가지의 음료수 경쟁 속에서 여전히 요구르트를 포기하지 않을까? 일단 발효 특유의 맛과 향이 강력하다. 말로 설명하기 힘들다. 어쩔 수 없이 우리는 '요구르트 향'이라고 부른다. 요구르트의 또 다른 무기는 신선함이다. 요구르트의 신선함은 거의 우유와 동급으로 쳐준다. 요구르트만이 가진 또 하나의 특징은 바로 요구르트 아줌마라는 캐릭터이다. 그 작은 한 병을 꼭 그 날짜에 사무실로 직접 가져다준다. 혹은 아파트 문고리에 걸어둔다.

요구르트의 본질 = 특유의 향 + 신선함 + 요구르트 아줌마

본질에 해당하는 요구르트 아줌마는 지속적으로 유지되지만 그 주변의 변화는 끊임없이 진행형이다. 사람들의 욕구와 필요가 끊임없이 변하기 때문이다. 시대의 변화, 사람들의 욕구를 읽고 변화는 이미 진행되고 있다. 요구르트 아줌마를 기다리지 않고 먹고 싶을 때 마음껏 먹을 수 있는 그 필요를 가장 먼저 받아들인 곳은 편의점이다. 기존 요구르트보다 4~5배 큰 용량을 판매하기 시작했다. 뒤늦게 깜짝 놀란 한국야쿠르트도 대용량 빅요구르트를 출시했다. 변화의 흐름을 감지한 한국야쿠르트는 내친김

에 얼려먹는 요구르트를 출시했다. 재미있는 것은 모양이 기존 요구르트를 뒤집어 놓은 것이어서 오랜 전통의 '폴라포 아이스바'와 비슷한 느낌을 준다. 이 제품은 출시 직후 매일 20만 개가 팔렸다고 한다. 요구르트 세계의 변화가 시작되자 이후 다양한 소비자의 필요를 찾아내어, 요구르트 마스크팩과 요구르트 젤리가 판매되었다. 기존의 것이 완전히 사라지고 새로운 것이 등장하는 경우도 있지만, 요구르트의 경우는 기존 오리지널에 대한 의존도가 높기 때문에 '약간의 변화, 변형' 등이 일어나는 것이다.

원점으로 돌아가서 다시 자문해본다. '요구르트 아줌마라는 직업은 살아남을 것인가' 45년 동안 자리를 지켜오고, 변화에 변화를 거듭하고, 제품의 변형과 확장을 이어온 요구르트와 판매원은 아마도 지속될 것이다. 다만, 이렇게 예상해본다. 아무리 생각해도 요구르트가 사라지지 않는다면, 좀 더 간편하게, 그리고 자유롭게 마치 생수를 먹고, 수돗물을 받아 요리를 하는 것처럼 집에서 편하게 요구르트를 먹는 시대가 오지 않을까?

일상에서 변화를 관찰하라

변화를 찾아내는 사람들은 공통적으로 본질이 무엇인지 안다. 그렇다면, 지금 우리가 현재의 일상에서 할 수 있는 실천적 미래 탐구의 방법은 무엇일까? 여러분이 하루하루 마주치는 주변을 관찰하는 것이다. 습관으로 이어지면 변화를 수월하게 찾아낼 수 있다. 이것은 귀납적인 방법이다. 아주 사소한 일상에서 차곡차곡 변화를 관찰하는 경험적 방식이기도 하다. 관찰을 하면서 공통점과 패턴을 찾아 원리를 찾아가는 방식이다. 이것은 4차 산업혁명으로 모든 것이 불확실한 미래를 차분하게 대비하는 출발점이 될 것이다.

철수는 매일 다니는 길을 오늘도 걸었다. 학교에서 집으로 가는 길, 평소라면 아무 생각 없이 '멍' 때리며 지나쳤을 텐데 오늘은 진로컨설팅 수업을 듣고 일상을 관찰해보자는 생각에 유심히 바라보며 걷는다. 어릴 적부터 쭈그리고 앉아 있던 학교 앞 문방구도 보이고, 마트도 보이고, 통닭집 옆에 다른 치킨집이 생긴 것을 새삼 발견하기도 한다. 그러다 무언가에 눈길이 잠시 머물렀다. 오래된 미닫이 이발소 유리문 앞에 뭔가 종이 한 장이 붙어 있었다. 그것도 미닫이문 양쪽이 맞닿는 곳에 붙어 있는 것으로 봐서는 아예 문을 못 열게 붙인 것 같았다. 뭔가 싶어 걸음을 옮겨 가까이 다가갔다.

"지금까지 저희 이발소를 사랑해주셔서 진심으로 감사합니다."

철수 할아버지의 단골 이발소였다. 현재 이발소를 운영하는 이발사 아저씨의 아버지 때부터 이 자리를 지켜오던 이발소. 그러고 보니 마치 매일 태양이 뜨는 것처럼 너무나 당연하게 그 자리에 있던 이발소 옆 뺑뺑이가 더 이상 돌아가지 않고 멈춰 있었다. 며칠 전 부모님이 나누던 이야기가 떠올랐다.

"여보, 당신도 이제 미용실에 다녀요. 요즘은 남자들도 다 미용실에서 머리해요."

"단골이발소에 미안해서 그렇지. 그래도 그동안의 정이 있는데…."

다음 날, 아빠는 처음 보는 헤어스타일을 하고 들어왔다. 매우 만족스러운 표정이었다. 철수의 머릿속에는 일련의 장면들이 파노라마처럼 지나갔다. '손님이 점점 줄어든 거구나. 나도 미용실을 다니는데 뭐.' 철수는 아예 처음부터 줄곧 미용실만 다녔다. 이발소를 다니던 사람들도 미용실을 찾으니 그나마 하나 남았던 이발소가 문을 닫은 것이다.

철수는 고개를 들어 주변을 관찰하면서 집까지 걸어갔다.

"하나, 둘, 셋, 넷…."

학교에서 집까지 가는 길에 미용실이 몇 개나 있는지 세어보았다. 처음부터 세려고 마음먹은 건 아니었다. 일직선 대로변에 여러 개가 있고, 모퉁이를 돌면 또 나오고 계속 미용실이 보였다. 어린 철수의 눈에 변화가 보이기 시작했다. 이발소가 사라진 것과 미용실이 많아진 것이 서로 맞물려 있다는 것을 본능적으로 깨달았다.

그날 저녁 철수는 식탁에서 열변을 토했다. 아빠 때문에 그 이발소가 사라진 것도 아닌데 아빠는 괜히 미안한 표정을 지으며 철수의 말을 들어야 했다. 식사를 한 후 철수는 아빠와 리서치를 했

다. 아빠는 자신의 태블릿패드로 다양한 인포그래픽을 찾아서 보여주었다. 요즘 교육시장에서는 R&E Research & Education 라고 해서 대학 입학에 유리하다고 '소논문' 열풍이 부는데, 사실 따지고 보면 철수와 아빠가 지금 하고 있는 밥상머리 토론과 식사 이후 정보를 탐색하며 토론하는 그 자체가 진정한 R&E라고 할 수 있겠다. 먼저 아빠는 서울지역 생계형 자영업 밀집 지역이라는 인포그래픽 Infographics, 정보와 데이터, 지식을 시각적으로 표현한 것 을 찾아서 보여주었다.

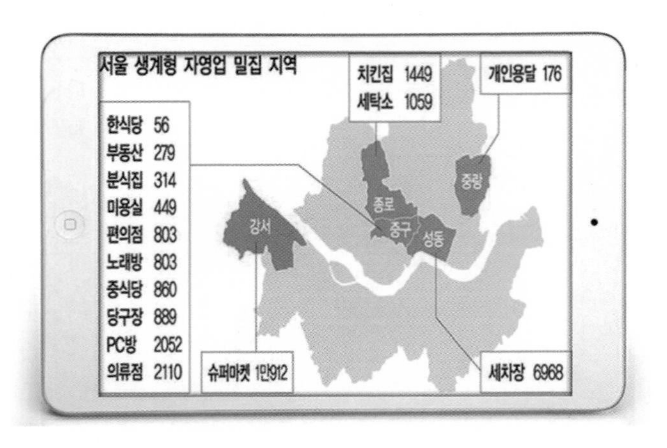

특히 철수가 살고 있는 동네의 정보가 한눈에 들어왔다. 한식당 56개, 부동산 279개, 분식집 314개, 미용실 449개, 편의점 803개, 노래방 800개, 중식당 880개, 당구장 889개, PC방 2,052개, 의류점 2,110개. 철수는 입이 쩍 벌어졌다. 미용실이 실제로 정말 많다는 사실에 한 번 놀라고, 그 외의 업종 숫자에 한 번 더 놀랐다. PC방 개수를 확인하고는 학교 끝나고 순식간에 사라지던 전교생이 어디로 갔는지 이제야 이해할 수 있을 것 같았다. 옆 동네를 보니 슈퍼마켓이 1만 912개, 그 옆 동네에는 치킨집이 1,449개, 아랫동네에는 세차장이 무려 6,968개나 되었다. 아빠가 찾아낸 정보를 함께 나눈 뒤, 이번에는 철수가 아빠의 스마트폰으로 찾은 정보를 보여주었다. 지도 프로그램에서 미용실을 검색해 찾아낸 이미지이다. 얼마나 많은지 한눈에 그 분포가 보였다.

숫자를 본다는 것은 현실을 본다는 것이다. 막연한 환상이 아

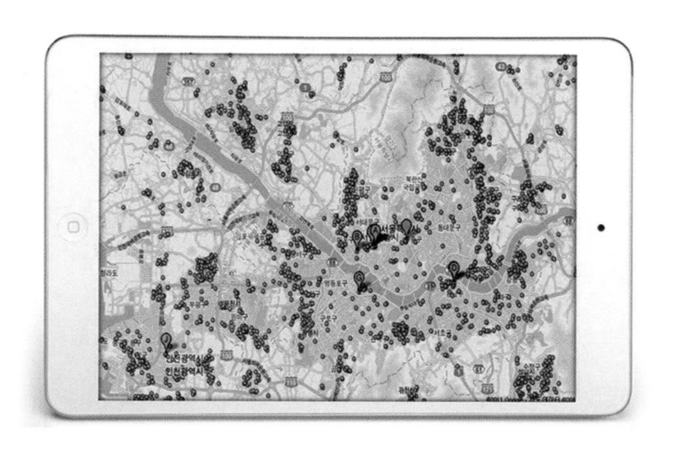

니라 실제 치열한 현실을 피부로 느끼는 것이다. 철수 아빠는 숫자 앞에 놀라고 있는 철수가 건강하고 균형 잡힌 직업세계관을 갖도록 도와주어야 한다는 부담이 밀려왔다. 그래서 패드에서 다른 정보 하나를 찾아서 보여주었다.

"〈VJ특공대〉에서 방송된 자료를 함께 보자. 2017년 2월 24일에 방영된 내용이란다."

철수는 영상에서 이발소가 사라진 자리에 미용실이 들어선 사실을 알아차렸다. 아니 미용실이 많아졌기 때문에 이발소가 버티지 못했다는 것을 깨달았다. 그리고 그것이 누구의 잘못이 아니라, 아빠와 같은 남자 어른들조차 미용실을 찾는 변화에서 시작된 것임을 알았다. 이와 더불어 실제 미용실과 같은 자영업 가게들이 얼마나 우리 주위에 많은지도 통계로 이해했다. 그런데 그렇게 많은 것이 좋은 것인지, 위험한 것인지 혹은 실제로 다들 그렇게 자기 사업체를 가지고 잘 살고 있는 것인지 판단하기는 어려웠다. 여기서 멈춘다면 여러분은 어쩌면 이렇게 생각할 수도 있다.

'나도 커서 이렇게 보란 듯이 내 가게 하나를 운영하고 싶다. 치킨가게가 제일 많은 것을 보니, 이게 제일 잘되나 보다. 나도 열심히 일해서 돈을 모아 치킨가게를 꼭 차릴 거야.'

특정 업종이 좋다 나쁘다를 떠나서 현실을 있는 그대로 보는 연습을 해야 한다. 철수 아빠는 지금 그것을 심어주기에 최적의 타이밍이라는 것을 느꼈다. 그래서 통계로 자영업의 현실을 보여주는 방송 프로그램을 찾아 함께 시청한 것이다. 방송이 공개한 그 전년도 기준 전체 자영업체는 479만 개였다. 그런데 1년간 문을 닫은 가게가 1만 2천 개였다. 하루 평균 2천 개의 가게가 폐업했다. 꿈을 가지고 자신의 가게를 차려 문을 연 사장들은 3년이 지나면 10곳 중 7곳이 문을 닫는다는 내용이다.

철수는 직업을 바라보는 통찰력의 비밀 중 일부를 알게 되었다. 숫자가 많다고 모두 잘되는 것이 아닌 것도 알았다. 모두가 한다고 누구나 할 수 있는 것이 아님을 다시 한 번 숫자를 통해 깨달았다.

이발소에서 시작된 일상의 관찰이 바로 미래직업을 이해하는 훈련의 시작이 될 수 있다. 일상에 관심을 가지면 변화의 작은 틈을 볼 수 있게 된다. 무언가에 집중하는 힘이 생긴다. 변화의 단서를 발견하게 되는 것이다. 그 작은 변화는 단독으로 일어나는 것이 아니라 주변의 다양한 변화와 맞물려 있다는 점을 깨닫게 된다.

변화에 눈을 뜨게 된다. 그 변화를 만들어낸 커다란 배경, 즉 직업의 생태계를 보는 연습이 시작된다. 철수는 뭔가 새로운 미래직업 변화의 원리 강연을 들은 게 아니었다. 늘 다니던 골목과 길에서 작은 변화를 본 것이다. 이발소에 일어난 변화를 관심 있게 보고, 집중하였으며 결국 무언가를 발견했다. 이후 시야를 열어 미용실이 증가한 배경을 보게 되었다. 그리고 아빠와 함께 조사하면서 미용실 수, 더 확장해 자영업의 수와 종류 등의 통계까지 들여다보게 되었다. 철수는 그날 변화를 관찰하는 원리를 자연스레 경험한 셈이다. 일상, 관심, 집중, 발견, 시야, 시대, 흐름의 순으로 변화 관찰 원리를 익혔다.

일상에서 직업 세계의 변화를 읽다

떡볶이 변화론, 야쿠르트 변화론 이후 이번에는 이발소 변화론이다. 세 가지 변화론의 공통점은 일상이라는 공간에서 충분히 직업의 변화를 관찰하는 연습이 가능하다는 것이다. 또한 경험에서 패턴을 찾아내 직업 변화의 원리를 발견한다는 점이다. 그중에서 이발소 변화론은 가장 실천적이고 역동적인 모델이다. 이발소와 미용실에 대한 일상의 관찰을 하는 와중에 반드시, 그리고 당연히 질문이 나온다. 질문이 없으면 다음 단계로 나아갈 수 없다.

"왜 이발소는 없어진 것일까?", "왜 미용실은 이렇게 많아진 것일까?”

이 질문에 답을 하려면, 더 열심히 관찰하는 수밖에 없다. 그런데 이발소는 사라지는 중이거나 이미 사라졌기에 관찰이 어렵다. 따라서 미용실을 관찰하는 수밖에 없다. 학생들을 통해 미용실을 좀 더 살펴보라고 했더니 미용실인 듯 미용실이 아닌 것들을 찾을 수 있었다. 피부숍, 네일숍 등이 그런 예이다. 그런데 변화가를 중심으로 관찰을 하면 두피숍, 남성숍, 샴푸숍 등도 찾아낼 수 있다.

역시 미용실에도 본질 요소와 변화 요소가 존재하는 것이다. 미용실의 본질은 무엇일까. 그것은 바로 ‘아름다움 추구’라는 사람들의 욕구이다. 매슬로의 인간 욕구 5단계 이론에서 가장 기초적인 생리적 욕구를 훌쩍 뛰어넘는 욕구이다. 여기에 새로운 시대의 변화에 따라 새로운 필요가 발생했다. 여성의 전유물로 여겨졌던 미적 욕구가 이제는 남자들에게도 발생한다. 얼짱, 꽃미남, 꽃중년 등 세대를 넘나들며 아름다움을 추구하는 것이 이젠 남자의 필수사항으로 여겨진다. 화장품 업계에서는 동일한 제품명에 ‘For Men’ 버전을 별도로 출시하거나, 이제는 ‘꽃을 든 남자’와 같은 전용 브랜드를 만들었다. 또 하나의 변화 요인은 단순히 머리만 하는 미용의 개념을 넘어서 손톱, 발톱 등도 전문적으로 예쁘게 가꿔주는 숍이 생기고, 그런 전문가를 양성하는 교육기관이 있으며, 결과적으로 이들을 인정해줄 필요가 생기니 자격증도 생겼다.

그런 사람들이 점차 많아지니 이젠 대학에서도 4년제 뷰티학과를 만들게 되었다. 필요가 발생하니 그런 서비스가 생기고, 서비스가 전문화되니 숍이 생기고, 숍이 생기니 그런 전문가를 양성하는 교육기관이 생겼으며, 전문가들이 많아지니 검증이 필요한 자격증 제도를 만들고, 문화가 형성되다 보니, 이를 좀 더 깊게 들여다보는 교육 차원의 대학 학과가 만들어진다. 그사이에 수많은 일자리가 발생한 것은 당연한 일이다. 만약 이 과정에서 어떤 한 사람의 특별한 방법론이 유명해지면, 그의 이름을 걸고 '○○네일숍'이라는 브랜드가 탄생하고 이를 본점으로 전국에 체인점이 생긴다. 또 일자리가 수없이 발생하는 선순환이 일어난다.

관찰의 목적은 변화를 알아차리기 위함이다. 그런데 변화를 만드는 원리를 찾기 위해서는 결국 '사람들의 욕구와 필요'를 읽어야 한다. 이발소가 없어지는 과정에는 아마도 새로운 필요를 읽어내지 못한 측면도 있을 것이다. 구체적으로는 어떤 필요들이 있었을까. 어느 날부터 이발소에 가지 않고 미용실을 다니기로 결심한 철수 아빠를 미루어 짐작해본다. "젊게 살고 싶다.", "외모를 아름답게 가꿀 필요가 있어.", "이젠 나 자신에게 투자하고 싶어." 이것이 변화의 원인이다. 이 모든 변화의 원인을 아우르는 변화의 원리가 바로 '생활방식의 변화'로 귀결된다. 8가지로 대표되는 미래 직업 변화의 원리 중 하나이다.

"너 뭐가 바뀐 거 같은데? 머리했구나!"

진화를 거듭하는 직업의 세계

주변 사람 중에 유독 변화를 잘 알아차리는 센스 있는 사람들이 있다. 그들은 변화를 감지하는 안테나가 강력한 것이 아니라, 평소 자세히 관찰하는 습관이 있는 사람들이다. 직업에 있어서도 마찬가지다. 미래직업의 변화를 알아차리고 예측하려면 현재의 직업을 입체적으로 볼 수 있는 눈이 있어야 가능하다. 표면적으로 보이는 직업의 이면에 연결된 수많은 직업을 볼 수 있어야 한다.

공간에서 직업을 이해하는 방법에는 3가지가 있다. 직업 빙산, 직업 퍼즐, 직업 고리이다. 직업 빙산은 공간을 대표해 직접적으로 보이는 직업과 그 아래 숨겨진 직업을 보는 방법이다. 예를 들어 '은행' 하면 단순히 '은행원'이라는 직업 하나만 떠올리기 쉽다. 그런데 그 외에도 은행창구직원, 은행관리직, ATM관리자, 시스템보안전문가, 조폐공사직원, 현금수송요원, 재정부 공무원, 경비보안업체직원, 은행경영자, 전산시스템개발자, 위조지폐감식전문가,

은행청원경찰, 펀드매니저, CCTV개발자, 건물환경미화원, 금융감독원, 보험상품판매원, 금융상품개발자, 금융결재원, 광고전문가, 고객관리전문가 등 수많은 직업이 있다. 드러나지 않아 알지 못했을 뿐이다. 어떤 직업의 현장에 가서 장소 곳곳에 숨겨진 직업의 연결고리를 파악하는 작업은 직업 공간을 새롭게 바라보는 시야를 열어준다.

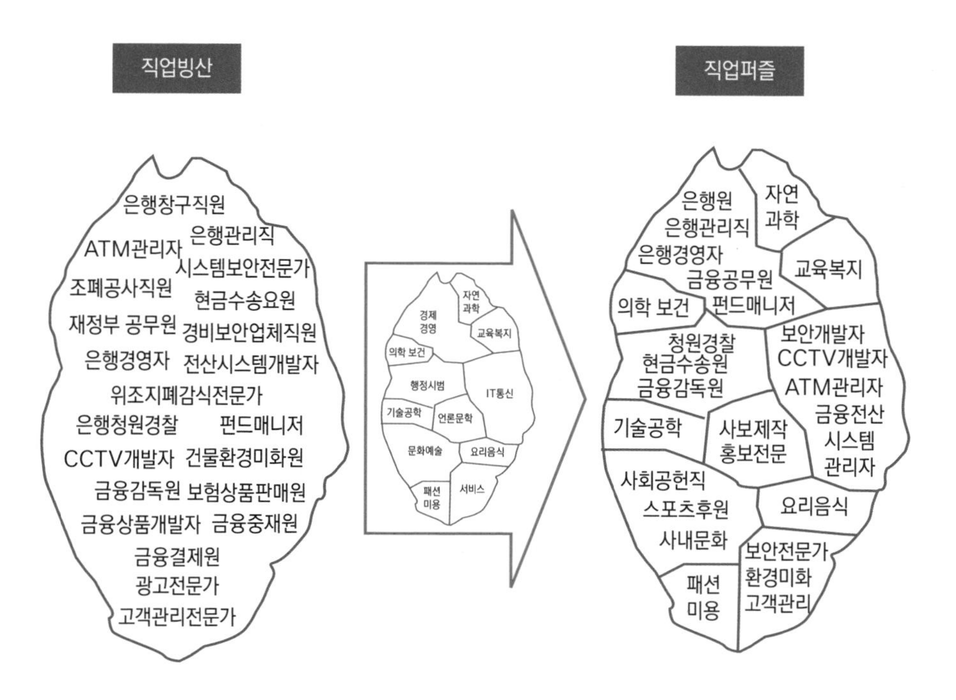

직업 퍼즐은 그 공간의 수많은 직업이 다양한 직업 분야별로 필요에 따라 배치된다는 것이다. 직업 고리는 직업과 직업이 어떤 과

정의 고리로 연결돼 유기체를 만들고 있다는 것이다. 직업 고리 측면에서 몸소 체험할 수 있는 곳을 찾아보았다. 바로 파주출판도시. 그리하여 학생들과 파주출판도시를 찾아간 적이 있다.

평일 오후 방문한 그곳은 마치 영화 세트장 같았다. 사람들은 잘 보이지 않고 거리 전체가 그림처럼 멈춰 있었다. 예쁜 건물과 카페가 많아서 처음에 신기한 눈길로 바라보다가 이내 익숙해지면서 패턴이 눈에 들어오기 시작했다. 카페에서 글을 쓰는 사람들이 보였다. 작가 작업실과 출판사가 보인다면 그 도시에 또 무엇이 있어야 할까. 실제로 무엇이 있을까. 출판디자인 기업이다. 그리고 한 블록만 건너가면, 매우 큰 공장들이 쉴 새 없이 돌아간다. 종이공장들이다. 그 옆에는 인쇄공장도 있다. 또한 각각 같은 이름이 박힌 출판유통회사의 탑차들이 가지런히 주차되어 있다. 책이 나오는 작업의 전 과정이 도시를 채우고 있는 것이다. 그야말로 '출판 과정의 완전체'이다. 과정 중심으로 직업과 기업이 공간을 채우고 있다. 한마디로 '직업 생태계'라 할 수 있다. 서로 영향을 주고받으며 살아가는 직업군이 만들어진 것이다. 다양한 직업들이 서로 유의미하게 연결되어 있는지 확인할 수 있는

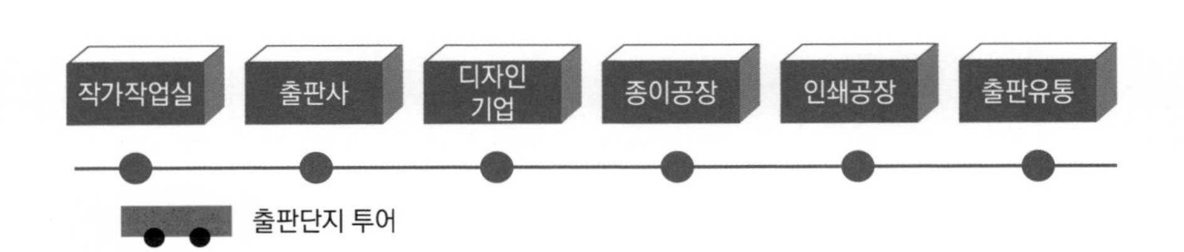

공간이다.

출판도시를 더 자세히 둘러보면 또 한 가지 특징을 찾을 수 있다. 파주에는 비교적 덩치가 큰 출판사와 인쇄기업이 있다. 그 내부에 들어가면 출판 과정에 필요한 분야의 개별 기업이 한 기업 안에 층별 혹은 부스별로 공간을 차지하고 있는 것을 볼 수 있다. 사무실동 옆에 인쇄공장을 아예 가지고 있고, 그 옆에 물류창고도 갖추고 있다. 바로 옆에는 유통을 위한 차량들이 줄지어 대기 중이다. 사무실 안에 들어가면 작가작업실, 디자인실, 편집실, 기획영업실 등 출판 과정이 고스란히 이름으로 박혀 있다. 도시 전체를 보나, 기업 내부를 보나 출판의 과정이 한눈에 들어오고, 또한 출판의 과정에서 생성되는 직업군이 정리된다.

직업 생태계와 도시 투어는 여기에서 끝나지 않는다. 투어를 하다가 배가 고프면 음식점이 보이고, 식후 커피를 마시고 싶다는 생각이 들면 커피숍이 나타나고, 햇살이 좋아 공원에 앉고 싶다고 느끼는 순간 공원이 등장한다. 사실 도시 전체가 공원 같다. 심지어 보도블록 중간중간 벤치가 있어서 그냥 앉으면 그 자체가 공원 느낌이다. 여기서 만들어지는 많은 책을 '투어족들이 직접 보고 살 수 있으면 어떨까'라고 생각이 들 때 서점이 나타난다. 도시 구경에 지쳐서 "뭐 재미있는 거 없을까?"라고 이야기했더니 건너편에 메가박스 극장이 나타난다. 멀리서 출퇴근하기 어렵겠다는 생각과 그냥 여기서 살아도 되겠다는 생각이 교차하는 지점에

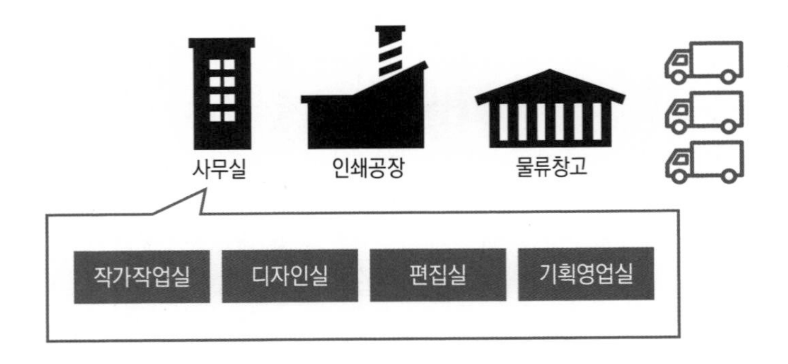

빌라와 주택단지가 산자락을 뒤로하여 보인다. 그런데 아직 확인해보지 못한 것들이 있다.

서울에서 출퇴근하는 출판사 직원들이 아예 이곳에 거주지를 얻고 살게 하려면, 어떤 것이 더 있어야 하고 또 실제 있는지 생각해보았다. 일과 가정의 균형을 이루며 발전하려면 이곳에 학교와 유치원, 어린이집 등 교육기관이 필요하다. 그러면 유입인구가 점차 늘어나고 대형마트와 편의점이 생겨난다. 주변 도시 주민들까지 흡수 가능하다는 판단이 서면 아마도 복합쇼핑몰도 등장할 것이다.

파주출판도시를 투어하면서 몸으로 직업 생태계가 무엇인지 깨달을 수 있는 시간이었다. 장소와 공간은 직업의 현장을 이해하

고, 과정을 파악하며 그래서 얼마나 다양한 세부 직업이 큰 퍼즐을 이루고 있는지 이해하도록 돕는 삶의 진로교과서이다.

이런 활동은 직업의 변화를 이해하는 안목을 높여준다. 변화를 보려면 변화가 무엇인지 알아야, 아는 만큼 보이게 된다. 직업 변화의 방식이 변형, 융합, 창조, 변화라고 할 때 어떻게 바뀌었는지 파악하려면 원래의 것을 섬세하게 알아야 가능하다.

필요와 욕구가 변화를 만든다

직업 생태계를 파악하는 것 역시 관찰의 힘이다. 거창한 것은 아니다. 일상에서 거리를 걸으며 간판을 보고, 가게의 유리문 안쪽의 분위기를 읽는 정도면 충분하다. 그런데 간판을 보고, 가게의 손님이 있는지 없는지를 보는 것이 결국 무엇을 알기 위함인지

목적의식이 필요하다. 목적은 변화를 보는 것이다. 더 정확히는 변화의 내용을 보는 것이다. 더 섬세하게는 변화의 과정을 눈치채는 것이다. 이런 변화를 보기 위해 우리는 현재 직업을 살펴보는 연습을 직업 빙산, 직업 퍼즐, 직업 고리를 통해 맛보았다. 그런데 직업의 변화를 만드는 동력은 무엇일까? 바로 사람들의 '욕구'와 '필요'다. 그 욕구와 필요의 규모와 기간이 제한적이면 마이크로 트렌드, 중기적인 기간과 규모를 가지고 있으면 트렌드, 그리고 그 욕구가 매우 본질적이어서 긴 시간 변함이 없다면 메가트렌드를 형성한다.

파주출판도시는 살아남을까? 출판 관련 직업은 살아남을까? 이것은 곧 '종이책은 살아남을까?'라는 질문으로 치환된다. 한국서점조합연합회가 발간한 한국서점편람에 따르면 도서만 판매하는 '순수서점'의 경우 서점의 수는 2003년에 2,247개, 2005년에 2,103개, 2007년에 2,042개, 2008년에 1,825개, 2011년에 1,752개였다. 2013년에는 1,625개였고, 2015년에는 1,559개이다. 10년 전에 비해 540여 개가 줄어들었다. 단순히 이것만 보고 종이책이 사라진다고 말할 수는 없을 것이다. 전자책이 등장했다. 이 때문에 종이책이 사라진다고 온 세상이 떠들썩했다. 책을 안 읽는 것은 사실이다. 그러나 종이책이 사라진다고 단정하기는 어렵다. 출판사들은 조용히 어려움을 인내하면서 변화를 모색하고 그 변화는 지금도 진행 중이다. 결국 모든 것의 중심에는 사람들의 욕구와 필요가 존재한다. 전자책을 보는 방식도 좋지만 여전히 책이 주는 물성 또한 좋아하는 사람들이 많다. 변화는 사람의 필요에 따라 반응한다.

사람들의 욕구와 필요에 따라 가장 민감하게 반응하는 것은 바로 '기술'이다. 기술의 변화는 직업의 변화를 만들어내는 가장 민감한 변화 원리이다. 이것을 가장 잘 보여주는 사례로 '세탁기'를 들고 싶다. 세탁기라는 기술을 설명하기 위해서는 사람의 필요가 어디서 왔는지 그 출발점을 이해해야 한다. 바로 '불편함'이다. 불편함을 느끼는 것에서부터 좀 편하게 하고 싶다는 욕구가 발생하고, 그 욕구를 대체할 '필요'가 생성된다.

'필요'를 해결하기 위해 '기술'이 등장하고, 그 기술을 만들기 위해서 과학적 원리가 필요하다. 원리를 공부하는 사람들이 과학자들이고, 그 원리를 이용해 기술을 만들어 일상을 바꾸는 연구자들이 공학자들이다. 원리가 기술로 바뀌고, 그 기술을 제품으로 개발하는 것은 기업의 몫이다. 제품을 상품으로 바꿔 소비자와 만나게 하는 것은 마케팅의 영역이고, 실제 소비자의 손에 쥐어주는 자는 판매자이다. 기업과 판매자 사이에 존재하는 직종이 유통업이고, 이 모든 순환을 소통으로 연결하는 직종이 바로 광고업이다.

이러한 전 과정이 윤리적으로 합리적으로 이루어지는지 감시하는 곳이 시민단체 등으로, 시민단체의 상근 직장인이 존재하도록 국가가 재정적으로 지원한다. 그래서 공무원이라는 직업이 필요하다. 다시 원점으로 돌아가 세탁할 때 어떤 불편이 있었는지 살펴보자.

"방망이로 빨래하는 거 너무 힘들다. 때가 잘 안 빠진다. 손으로 물을 짜는 거 정말 괴롭다. 한 번에 좀 많이 빨 수 없을까. 이불처럼 큰 빨래 너무 힘들다. 이젠 빨래는 널어서 말리기도 귀찮다. 자주 입는 옷은 정말 감당이 안 된다. 고급 스웨터를 검정색 옷과 함께 돌리는 게 싫다. 양말 같은 작은 것들, 더러운 것들 신경 쓰이네. 크게 더럽지는 않는데 빨래하지 않고 냄새만 좀 뺄 수 없을까. 세탁기를 집에 두기도 번거롭다…."

변하는 것과 변하지 않는 본질을 구분하는 것이 미래직업 변화에 대응하는 중요한 통찰이다. 옷을 입어야 하는 것은 본질이다. 따라서 의류업은 사라지지 않는다. 그러나 옷의 소재와 옷을 만드는 공정은 변하는 이슈이다. 시대의 변화, 기술의 변화, 환경의 변화, 생활방식의 변화, 산업구조의 변화 등에 따라 미래직업 변화는 당연하다. 따라서 의류업을 꿈꾸는 청소년에게 꿈을 접어야 한다는 말보다는 변화를 관찰하여 대응하도록 돕는 게 적절한 가이드이다. 세탁이라는 과정 역시 본질이다. 의류가 존재하는 한 변하지 않는 본질에 가깝다. 그런데 그 사이에 어마어마한 기술의 변화가 있었고 앞으로도 있을 것이다.

세탁의 역사를 통찰하는 것이, 세탁의 미래를 예측하는 밑거름이 될 것이라고 본다. 방망이로 하루 종일 두들기며 빨래하는 아내가 너무 안쓰러웠던 윌리엄 블랙스톤이라는 사람은 부인의 생일선물로 '손으로 돌리는 세탁기'를 고안했다. 이것이 1874년의 일이다. 이후 1908년 알바피셔가 전기모터가 달린 드럼통 세탁기를 처음 발명했다. 우리가 아는 드럼세탁기의 원조이다. 우리나라에서는 1969년 금성사에서 1.8kg급 세탁기를 처음 개발했다.

방망이질이 너무 힘들다는 불편함에서 세탁기가 개발되었다. 실제 초창기 세탁기는 방망이질과 비슷하게 거칠게 빨래를 두들겼다. 그런데 편해지기는 했는데 때가 잘 빠지지 않는 불편함에서 세계 최강의 세제가 나오기 시작했다. 손으로 짜는 것이 힘드니 짤순이가 등장했다. 말리기도 귀찮아지는 시대가 되니 건조기가 개발되고, 자주 입는 교복이나 와이셔츠 등을 위해 신개념 세탁관리시스템도 개발되었다. 옷을 구분하여 세탁하고 싶은 욕망을 반영하여 투인원, 올인원 등 투입구가 여러 개인 세탁기도 출시되었다. 심지어 세탁을 할까 말까, 냄새만 좀 빼면 안 될까 하는 욕망을 읽어내고 탈취제 시장이 열렸다. 세탁기를 집에 두기도 귀찮거나, 세탁기를 둘 정도의 가족 구성원이 없는 1인 가구 등을 위해 동전 무인세탁방이 이미 전국에 들어섰다. 특히 이불 빨래를 돌려, 건조까지 원스톱으로 할 수 있다는 것은 현대인의 필요와 시대의 변화를 정확히 읽어낸 것이라고 볼 수 있다. 여기까지가 세탁기의 과거와 현재이다. 가전제품은 이렇게 사람들의 욕구와 필요를 읽어 시대에 대응한다.

이 모든 역사 속에서 수많은 직업군이 유지되고 있다. 제품을 설계하는 직업, 실제 제조하는 직업, 부품을 만드는 계열사 직업, 완성품을 만드는 직업, 이것을 기계화하기 위한 기술을 만드는 직업, 그 공정을 관리하는 직업, 제품을 상품으로 판매하는 전략을 짜는 직업, 이를 광고하는 직업, 유통하는 직업, 실제 최전선의 판매직업, 그리고 사용하다가 고장 나면 이를 수리해주는 전국의 서비스센터직업, 고객과 서비스센터의 가교역할을 하는 상담직원 등 수많은 직업이 존재하고 있다.

이제는 가전제품을 판매하는 직원을 단순히 판매원이라 하지 않는다. 생활공간을 분석하고 최적의 가전제품을 제안하는 생활가전컨설턴트라고 부른다. 이런 흐름이 전반적으로 일어나고 있다. 디지털 복사기를 개발하고 보급하는 글로벌 기업들은 이미 판매, 수리 직원들을 IT컨설턴트라고 브랜딩한다.

상품을 만들거나 직업을 만들거나

1인 가구가 눈에 띄게 늘고 있다. 2005년 20.4%에서 2010년 24.4%로 증가했고, 2017년 인구주택총조사에서는 28.6%로 나타났다. 1인 가구 증가로 사회상도 변화하고 있다. 사회문화현상을 통해 사람들의 필요를 읽은 기업들은 앞다퉈 맞춤 상품을 만들거나 홍보 전략을 구상한다. 전반적인 상품이 대형화에서 소형화로 바뀌고 상품 구성 역시 개인 맞춤형으로 출시하고 있다. 현재와 미래 사회의 변화 앞에서 직업 세계가 변하는 방식을 앞에서 크게 4가지로 제시하였다. 직업 자체를 유지한 채 그 내용을 바꾸는 '변형' 방식. 직업과 직업을 '융합'하는 방식. 동일한 분야 내에서 아예 새로운 직업을 '창조'해내는 방식. 자신의 분야를 아예 접고, 새로운 분야 전망으로 갈아타는 '변화' 방식. 개인적인 선택 측면에서 설명했지만 기업의 변화 방식을 설명할 수도 있을 듯하다. 어쨌든 개인이든 집단이든 변화를 주도하려면 사회문화 현상을 만들어낸 집단의 특성을 자세히 관찰해야 한다. 싱글족 김지훈 씨의 일상을 한번 들여다보자.

> 그는 혼자 산다. 명절 때 고향집에서 가져온 밥통에 밥을 하면 밥이 많이 남는다. 두고두고 먹으면 된다고 생각했지만, 하루 이틀 지나자 밥알이 건조해지고 색이 누렇게 변한다. 게으른 지훈 씨는 청소와 빨래도 귀찮다. 그의 출퇴근길은 어떤가. 일단 지옥철를 타고 다니는 것도 지긋지긋하다. 그렇다고 보란 듯이 차를 사기에는 할부가 부담스럽다. 종종 마트에 가서 식재료를 고를 때도 혼자 살기에 대용량 포장에 머뭇거린다. 냉장고에 보관만 하다가 버린 재료가 적지 않기 때문이다. 요리해 먹는 것 자체도 귀찮다. 여가시간이 생기면 혼자 집에서 영화 보는 게 마음 편하다. 사람들과 어울리라고 하지만 어색한데 굳이 새로운 관계를 만들어야 하는지 의문이 든다.

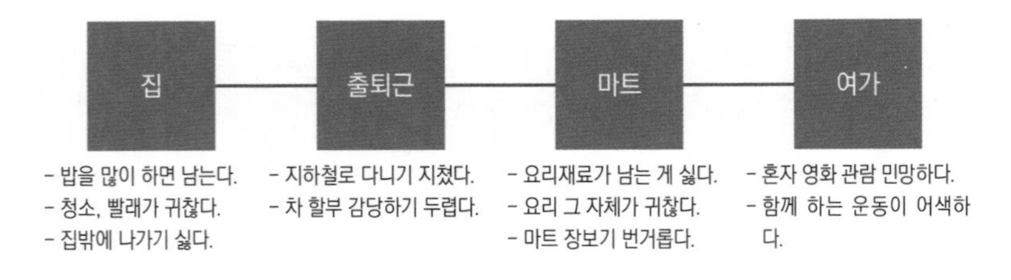

지훈 씨의 일상은 제조업·유통업·서비스업을 하는 개인과 기업, 예비 창업자들에게 연구 대상이다. 4가구 중 1가구는 지훈 씨처럼 혼자 사는 집이다. 그의 일상에서 찾아낸 '욕구' 및 '필요'를 한

번 정리해보자. 괄호 안에 들어 있는 내용은 1인 가구를 위한 서비스의 변화를 만드는 사람들의 능동적인 고민을 적어본 것이다.

"밥이 또 남았다. 먹지도 못하고 아깝다."

→ 밥을 적게 하는 작은 밥솥이 있다면 좋겠다.

"청소, 빨래가 귀찮다."

→ 사람을 쓰기에는 부담되니 자판기처럼 동전 세탁기가 있으면 좋겠다.

"집 밖에 나가기가 싫다."

→ 다양한 배달대행과 심부름 서비스가 있으면 좋겠다.

"지하철로 다니기에 지쳤다."

→ 지하철을 타지 않는 다른 교통수단 대안이 있으면 좋겠다.

"차를 사자니 할부가 두렵다."

→ 차를 사지 않고도 합리적인 가격으로 빌려 쓰면 좋겠다.

"요리 재료를 사면 남는다. 그래서 버리는 게 늘 아깝다."

→ 요리 재료가 작은 사이즈면 좋겠다.

"요리 그 자체도 귀찮다."

→ 아침식사 식단을 짜서 배달해주는 서비스가 있으면 좋겠다.

"마트 장보는 것이 번거롭다."

→ 온라인과 모바일 장보기를 넘어서 아예 대행해주면 좋겠다.

"주말에 혼자 야외에서 여가를 즐기기가 불편하다."

→ 집에서 혼자 즐길 수 있으면 좋겠다.

"타인과 함께하는 운동도 싫다."

→ 혼자 운동할 수 있는 프로그램이 있으면 좋겠다.

"인간관계를 굳이 만들려고 애쓰기가 싫다."

→ 삶의 모든 동선이 혼자하기에 편하면 좋겠다.

이렇게 지훈 씨의 집과 출퇴근길, 마트와 여가생활에서 찾아낸 특징을 반영하여 새롭게 등장한 직업을 주변에서 찾아보았다. 우선 세탁방, 세탁편의점이 눈에 띈다. 굳이 집에 세탁기를 둘 필요가 없다. 그리고 맡긴 세탁물을 배달까지 해주는 서비스가 있다. 음식 재료를 신경 쓰지 않아도 되는 아침식사 배달업이 주변에 많아졌다. 청소대행업도 등장하였고, 일정 비용을 주고 회원제로 가입하면 일주일에 한 번 집 안 청결을 관리해준다. 출퇴근할 때 지하철은 싫고, 자가용 구입은 부담이 되는 그에게 새로운 방식의 자동차 렌탈업이 등장하였고, 자동차 공유 서비스도 등장했다. 장보기 대행업이 나타나 대신 장을 보고 배달해준다. 집에서 VOD를 마음껏 누릴 수 있는 케이블채널 상품이 늘어나고, 조기 축구 같은 집단 운동이 아닌 다양한 1인 운동업체 및 프로그램이 등장했다.

한 사람의 필요가 있다고 그것이 문화가 되지는 않는다. 한 사람의 필요를 위해 시장이 형성되지는 않는다. 하지만 다양한 사람들 속에 숨어 있는 한 명 한 명의 필요가 서로 비슷한 특징을 가지게 되고, 그래서 그것이 어느 정도 목소리를 내면 그때는 주변의 관심을 받게 된다. 그런 목소리가 조금 더 많아지면 우리는 이를 '사회현상'으로 부르기 시작한다. 그때가 되면 그런 현상을 지칭하는 용어가 생기거나, 그런 현상을 만들어내는 집단을 부르는 명칭이 생겨난다. 이 정도 되면, 마이크로트렌드 정도는 형성된다고 본다.

이러한 현상은 대부분 직업의 변화와 직결된다. 혼자 살아가는 1인 가족의 삶을 들여다보고, 그 속에 담긴 섬세한 불편함과 욕구 그리고 필요를 살피니 새로운 직업의 변화를 볼 수 있었다. 그리고 상당수 이미 일어난 변화를 확인할 수 있었다. 관찰의 방식을 훈련했다면, 이제 비슷한 패턴의 다른 현상도 하나씩 눈에 들어오게 될 것이다.

때로는 한 가지 현상이 다른 현상과 결합하여 복합적인 현상을 만들기도 한다. 예를 들어 점차 수명이 늘고, 황혼 이혼 및 졸혼법적 결혼을 유지한 채 각자 자유롭게 살기로 결정하여 결혼을 졸업하는 현상이 늘면서 혼자 사는 실버가 늘어나기 시작했다. 그런데 그 실버들이 본격적인 소비세대가 되고, 스마트기기를 당당하게 사용하기도 한다. 이것이 바로 복합적인 결합 양상이다. 이런 실버세대 및 인구가 어마어마한 속도로 늘고 있다면, 그 변화에 따른 수많은 '필요'가 생기고, 이에 따라 '기술의 변화', '상품의 변화', '서비스의 변화'가 견인된다. 결과적으로 이에 따른 '직업 내적 변화' 혹은 '직업의 변형, 소멸, 생성' 등의 변화도 이어진다.

미래직업 변화를 말할 때, 가장 주목해야 할 2가지는 '4차 산업 혁명'과 '고령화 사회'이다. 1인 가구를 관찰하는 연습을 했다면, 거기서 배운 변화 관찰의 방법을 응용하여 이번에는 실버세대를 관찰해보자. 결국 이를 통해 직업의 변화를 예측해볼 수 있다.

상품을 만들거나 직업을 만들거나

미래에 가장 영향력이 커지는 세대는 '실버세대'가 될 것이다. 일단 숫자가 많다. 전 세계적으로 선진국들은 고령화 사회에 이미 진입하였고, 한국은 그중에서 고령화 속도가 가장 빠른 나라이다. 그런데 실버세대라고 하여 단순히 변화를 만들어내는 메인 고객으로 생각하면 곤란하다. 한국은 노인빈곤율도 매우 높기 때문이다. 우선 경제력이 있는 노인들이 관찰의 대상이다. 대상을 정하고 나면, 그들의 욕구와 필요를 관찰해야 한다.

"우릴 '노년'이라고 부르지 마. 이젠 100년을 살아야 돼. 우린 선배들과 달라, 전쟁 이후에 태어났어. 이 나라는 우리의 땀으로 일구었어. 우린 산업화와 정보화를 모두 경험했어. 심지어 우리는 SNS를 사용해. 회갑 잔치? 아직 한창이야. 유산을 물려주지 않을 거야. 우리가 사는 동안 다 쓸 거야. 자녀를 위해 우리 인생 포기하지 않을 거야⋯."

먼저 실버세대의 특징을 살펴보자. 나이로 보면 60~75세가 주를 이룬다. 대한민국의 산업화와 정보화를 모두 경험했다. 100세 고령화 사회의 출발선에 놓인 사람들이다. 경제력을 갖추고 있다. 개인주의적인 특징도 가지고 있다. 이렇게 특징을 살핀 다음에는 예측 단계로 들어간다. 라이프 동선을 생각하며 그 속에서 '생활방식의 특징'을 찾아내는 것이다. 앞서 언급한 일반 특징은 객관적인 통계적 특징이다.

생활방식의 특징은 구체적인 삶의 동선에서 나타나는 욕구와 필요를 읽는 과정이다. 할머니, 할아버지를 떠올리면 일반적인 삶의 동선이 일단 자녀와 함께 살거나, 자녀와 가까운 곳에 살고 있다. 농사를 짓기 위해 고향에 머물고 있는 소수를 제외하면 대부분이 그렇다. 건강이 허락되면 손자, 손녀를 돌봐준다. 비어 있는 시간에는 노인정에 가거나, 공원을 산책하는 모습들이 떠오른다. 젊어서 고생을 많이 해 병원에 들렀다가, 며느리 전화를 받고 어린이집에 손녀를 찾으러가는 모습도 어렴풋이 그려진다. 상상이 아니라, 일반적인 노인들의 동선을 떠올리면 예상할 수 있는 부분이다. 하지만 도심 중심가 커피숍의 풍경을 떠올려보면 다른 모습도 생각할 수 있다. 요즘 커피숍에서 적지 않은 어르신들이 카페라떼를 즐기는 모습을 종종 볼 수 있기 때문이다.

경제력을 갖춘 신세대 어른들은 일단 운전면허를 가지고 있고, 자신의 차를 몰고 마트에 간다. 그들은 자녀와 함께 살지 않으며 근처에 살지도 않는다. 서울 근교, 공기 좋고 도시 기능을 갖춘 곳에 산다. 마트 가는 길에 동물병원과 애견숍에도 들른다. 강아지 미용이 있는 날이다. 애완동물을 키우는 것도 이들에게는 자연스럽다.

강아지를 맡겨놓는 동안 쇼핑을 마치고 차에 짐을 실어 놓은 뒤, 커피숍에서 스마트폰을 하며 평생 누리지 못한 여유를 천천히 즐긴다. 소비력을 갖춘 실버세대의 라이프 스타일을 파악한 뒤 그 속에 담긴 욕구와 필요를 살펴보자. 그리고 기술, 상품, 서비스 그리고 새로운 직종까지 상상해보자.

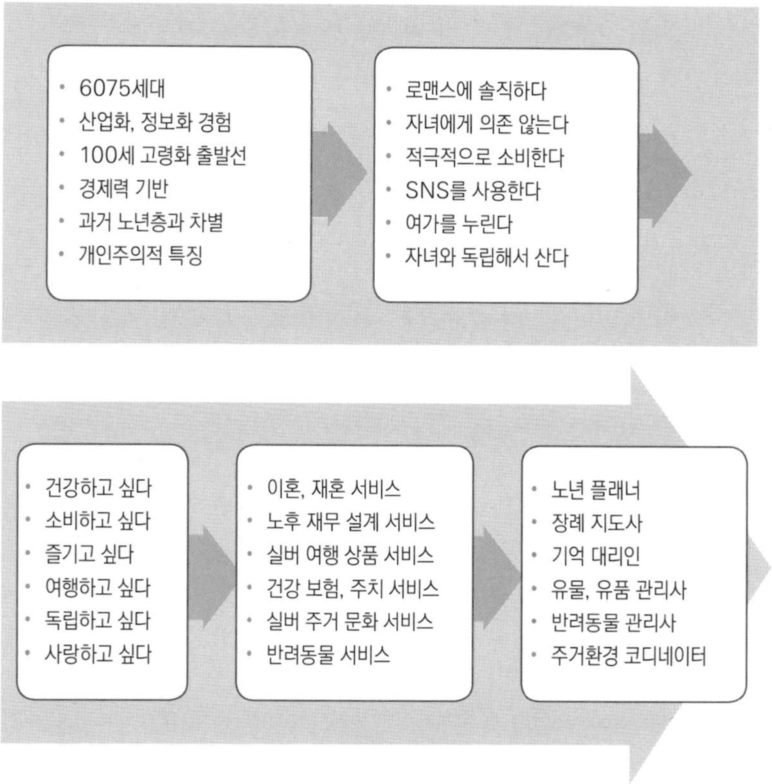

- 6075세대
- 산업화, 정보화 경험
- 100세 고령화 출발선
- 경제력 기반
- 과거 노년층과 차별
- 개인주의적 특징

- 로맨스에 솔직하다
- 자녀에게 의존 않는다
- 적극적으로 소비한다
- SNS를 사용한다
- 여가를 누린다
- 자녀와 독립해서 산다

- 건강하고 싶다
- 소비하고 싶다
- 즐기고 싶다
- 여행하고 싶다
- 독립하고 싶다
- 사랑하고 싶다

- 이혼, 재혼 서비스
- 노후 재무 설계 서비스
- 실버 여행 상품 서비스
- 건강 보험, 주치 서비스
- 실버 주거 문화 서비스
- 반려동물 서비스

- 노년 플래너
- 장례 지도사
- 기억 대리인
- 유물, 유품 관리사
- 반려동물 관리사
- 주거환경 코디네이터

이들은 로맨스에 솔직하고, 자녀에게 의존하지 않으며 적극적으로 소비한다. SNS를 사용하고 여가를 누리며, 자녀로부터 독립해서 생활한다. 이런 생활 속에서 느끼는 욕구는 무엇일까.

'건강하고 싶다. 소비하고 싶다. 즐기고 싶다. 여행하고 싶다. 독립하고 싶다. 사랑하고 싶다.' 이런 게 아닐까? 이제 남은 것은 시장의 반응이다. 이러한 필요들에 직업은 반응한다. 일반적인 반응은 직업의 내적인 변화이다. 그리고 때로는 새로운 직업을 만들어내기도 한다. 기존에 있던 서비스 기업들은 노인들의 필요에 맞는 서비스를 만든다. 직업의 내적 변화이다. 다양한 건강 관련 보험 상품, 노인 주치의 서비스를 출시한다. 실버세대의 이혼과 재혼 서비스, 노후 재무 서비스, 실버 여행 상품, 실버 주거 문화 서비스, 반려동물 서비스 등이 나온다. 여기까지는 그래도 예측 가능한 버전이다. 하지만 필요에 대한 반응이 새로운 직업의 탄생으로 이어질 수도 있다. 적어도 현재와 미래는 이러한 일이 더욱 익숙해질 것으로 보인다.

"저는 노년 플래너가 될 겁니다. 보험설계사와는 다른 개념이에요."

"저는 장례지도사가 될 겁니다."

"저는 기억대리인을 준비하고 있어요. 요즘에는 SNS에 자신의 흔적을 지워주는 직업도 있잖아요. 어르신들의 기억을 보존하고 관리해주는 것도 서비스가 될 거라 믿어요."

"저는 유물, 유품관리사를 준비하고 있습니다. 고령화 사회이다 보니, 기존의 토탈 장례서비스가 이제는 더 정교한 개별 서비스로 특화될 거라고 예상해요."

"저는 반려동물관리사가 될 겁니다. 애완동물카페와 애완동물 유치원 교사가 있는 거 아시죠? 저는 이런 모든 것을 종합적으로 관리해주는 서비스를 제공할 겁니다."

"저는 실버 주거 환경 코디네이터를 준비하고 있어요. 생활 전반을 쾌

적하게 관리해주거나, 몸이 불편한 어르신들을 위해 공간 전체를 재구성해주는 서비스도 필요할 거라 생각해요."

학생들의 말을 듣고 보니, 그럴싸한 직업이다. 당연하다. 이 중 일부는 이미 외국에서 직업으로 존재하고, 우리나라의 직업으로 들어올 준비를 하고 있다. 장례지도학과는 이미 존재한다. 유품 관리원도 이미 존재한다. 이렇게 삶의 동선을 살피고, 틈새마다 느껴지는 필요에 따라 직업의 변화가 이루어진다는 것은 아주 새로운 접근법은 아니다. 미래 예측의 시나리오 기법이다. 여러분도 각자 자유롭게 생각의 나래를 펼쳐보자. 새로운 진로가 펼쳐질지 모른다.

욕구와 필요, 가치가 직업 변화의 원리와 만나면 세부적인 변화가 일어난다.
사회복지 정책이 확대되고, 외국 인력 유입 정책이 세워진다.
바로 이 지점에서 창직의 가능성이 생긴다. 창직의 발상은 근본 욕구와 필요,
시대 변화를 읽고 변화의 원리를 통해
실제 일어난 변화 요인 등에서 아이디어를 꺼내는 것이다.

PART 4

직업을 창조하라

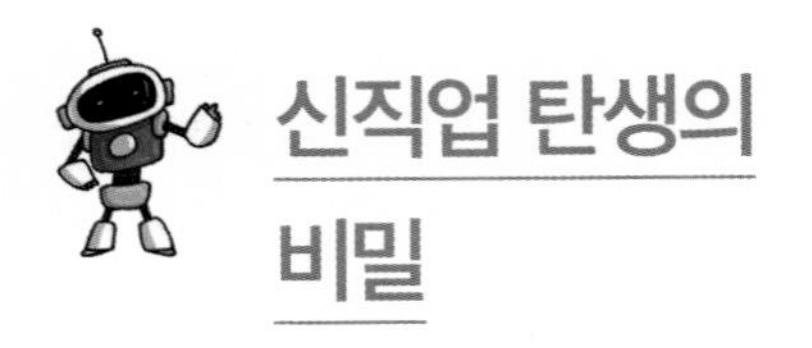

신직업 탄생의 비밀

특별한 직업을 소개하는 TV 프로그램을 보게 되었다. 강아지를 입양해 키우는 부부가 어느 날부터 강아지가 이상 행동을 보여 고민하고 있었다. 남편이 혼자 있을 때는 그토록 얌전하던 강아지가 아내가 외출하고 돌아오면 갑자기 남편을 향해 으르렁 대면서 짖는다는 것이다. 특히 남편이 아내에게 다가서려고 하면 더욱 격렬한 반응을 보이며 남편에게 달려든다고 했다. 기어이 남편 손을 물어버리는 일이 발생했다. 강아지의 이상 행동을 설명한 후 한 남자가 등장했다. 그는 카메라 앞에서 능숙하게 이 상황에 대해 이야기했다.

"이 강아지는 현재 분리불안증을 겪고 있습니다. 그리고 남편 분보다 아내 분에게 더 큰 애착을 느끼고 있습니다. 아내 분을 보호의 대상으로 여기고 있습니다."

'도대체 누구일까?' 생각하는 찰나, 화면 아래 이름과 직업명이 자막으로 올라왔다.

반려동물행동교정사!

이건 뭔가. 도무지 듣도 보도 못한 직업이다. 우리나라에 존재하는 직업인가 싶었다. 혹시 외국에 존재하는 직업인가. 외국인도 아니고 분명 한국인인데, 마치 16년 동안 강아지만 연구한 달인처럼 등장하여 능숙하게 눈앞의 문제를 해결했다.

아마 많은 이들이 다소 생소한 직업이라 생각할 것이다. 그러나 검색해보면 844,000개나 되는 방대한 자료가 뜬다. 이미 세상에서 어엿한 직업으로 자리 잡았는데 많이 알려지지 않았을 뿐이다. 심지어 아래와 같은 내용도 있었다.

"우리나라에서도 2014년 3월 17일, 고용노동부를 비롯한 13개 관계 부처에서 발표한 「44개 신직업 육성 추진 지원 분야 5개 분류」에 '애완동물행동상담원Pet Behavior Counsellor' 직업한국고용정보원의 표준직업분류표에 등재할 직업의 명칭을 '민간의 자생적 신직업 창출 지원 분야'에 포함시켜, 해당 직업의 안정적인 국내 수요 창출과 정착을 위해 향후 다양한 후속 지원책을 계획·준비하고 있다.

반려동물 관련 자격검정기관인 한국반려동물관리협회구) 다우사회교육원에서는, 이러한 정부의 정책에 발맞추어 '애완동물행동상담원'이라는 직업에 적합한 자격의 명칭으로서, '반려동물행동교정사' 민간자격시험을 시행한다."

원래 명칭은 '애완동물행동상담원'이었다. 이것은 국가가 '신직업'이라고 발표한 44개 중에 하나이다. 국가가 주도하는 직업이 아니라 민간에서 주도적으로 만들어갈 직업이기에 국가 자격증은 아직 없고 민간 자격증을 만들었다. 그 자격증 이름이 '반려동물행동교정사'이고, 그래서 방송에 나온 전문가의 직업명에 반려동물행동교정사라고 쓰인 것이다.

직업 수가 점점 세분화되고 늘어나다

저출산과 고령화, 1인 가구의 증가로 반려동물을 키우는 사람들이 늘면서 반려동물 산업의 성장세가 크다. 애견인구만 1,000만 시대다. 반려동물에 대한 인식도 크게 바뀌어 단순히 키우는 존재가 아니라 인생을 함께 살아가는 가족 같은 존재로 바뀌었다. 관련 시장은 2020년 6조원을 넘을 예상이다.

애완동물이 미용실이나 호텔을 이용하는 일은 다반사고, 생후 3주에서 12주가 된 애견을 대상으로 하는 애견유치원과 애견 전용 스파, 애견행동클리닉도 생겨났다. 애견행동클리닉에서는 주로 애완동물의 문제행동에 대해 불안감을 극복하는 심리치료를 한다. 이제는 애완동물을 가족처럼 생각하고 문제해결 또한 사람과 똑같이 이해하는 주인들이 늘어나 '반려동물행동교정사'라는 직업이 생겨났다.

우리나라는 1969년 최초 직업사전이 발간되었을 때 직업명의 개수가 3,260개였다. 2016년에는 15,537개이다. 직업 수로 말하지 않고 직업명 수라고 한 것은 약간 차이가 있기 때문이다. 이는 동일한 직업인데 유사 직업으로 세분화되어 직업명이 달라지기에 직업명 수는 훨씬 많아진다. 예를 들어, 2012년 직업 수는 9,298개이고 직업명 수는 11,655개이다.

한국직업사전으로 본 우리나라 직업 수의 변화

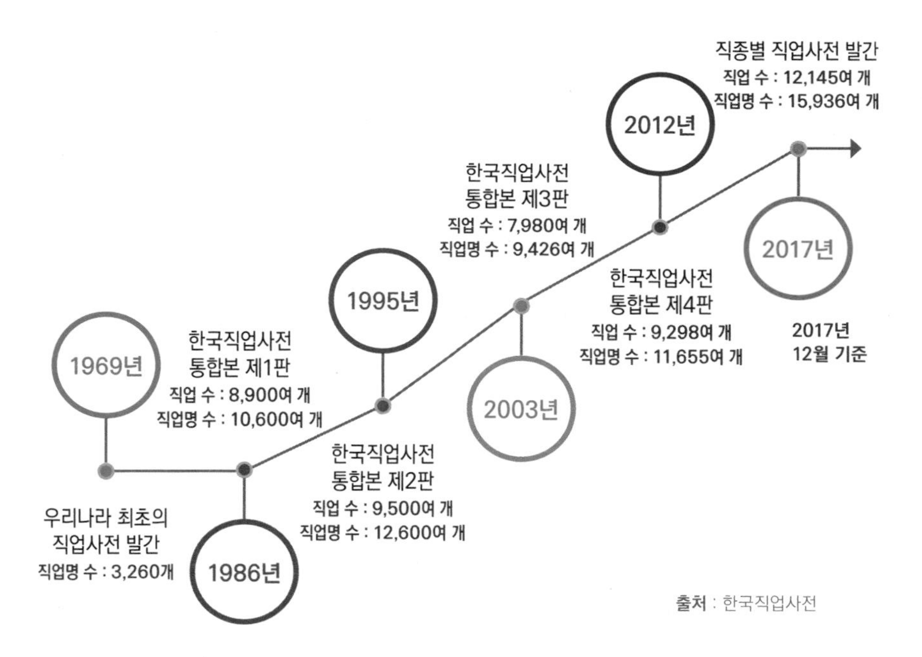

출처 : 한국직업사전

2013년 신직업 연구가 진행될 무렵, 일본의 직업명 색인에는 16,433개의 직업이 있었고, 미국의 인구센서스에 수록된 직업은 30,654개였다. 우리나라와 직업의 수에서 차이가 크다. 정부에서 우리나라에는 없고 외국에는 있는 직업 650개를 검토하기 시작했다. 이처럼 왜 나라마다 직업의 수에 차이가 있을까?

가장 중요한 이유는 바로 세분화이다. 동일한 직업인데 우리나라에는 한 개의 직업으로 존재한다면, 일본과 미국에서는 더 세분화된 직업으로 존재한다. 그런데 세분화될 때 규칙이 있다.

- 장소에 따른 세분화
- 기술, 지식에 따른 세분화
- 사용 장비에 따른 세분화
- 상품에 따른 세분화

장소에 따른 세분화의 경우, 우리나라에는 '사서'라는 직업이 있다. 그런데 미국에는 기독교과학열람실사서, 이동도서관사서, 어린이도서관사서, 직장도서관사서, 교도서도서관사서, 병원도서관사서, 시청각도서관사서 등 7개 이상의 직업명이 장소 구분에 따라 존재한다. 바로 이런 세분화의 차이로 직업 수에 차이가 발생하는 것이다.

기술과 지식에 따른 세분화 역시 '사서'를 예로 들어보자. 미국에서는 사서라는 직업이 장소에 따라서도 세분화되지만, 다루는 지식 내용에 따라서 세분화된다. 예를 들어, 카탈로그전문사서, 화학전문사서, 필름전문사서, 미디어전문사서, 의학전문사서, 의료기록전문사서, 음악전문사서, 컴퓨터테이프전문사서, 법률전문사서 등이다.

사용 장비의 세분화로 우리나라는 택시운전사라는 직업명이 하나 있다면, 일본의 경우는 개호택시운전사, 개인택시운전사, 일반택시운전사, 택시승무원, 승합택시운전사, 전세택시운전사 등으로 직업명이 구분되어 있다.

상품이나 사용하는 재료에 따라 세분화되는 경우도 있다. 우리나라의 경우 의류수선원이라는 직업명이 하나가 있다. 그런데 일본의 경우는 남성의류 의복수선자, 여성아동의류 의복수선자가 구분되어 있다. 여기에 의복치수조정인, 짜깁기 직원, 신사 바지 수선공, 여성의류 수리공, 여성의류 보정가, 양복수선 전문가, 양복보수공, 리포머 등으로 직업명의 구분이 다양하다.

650개 외국 직업 중 우선 도입 대상으로 선정한 직업 개수는 102개이다. 이 중에서 약간의 수정, 추가 등을 거쳐 44개와 추가로 17개의 신직업을 발표했다. 연구자들은 650개의 외국 직업들을 먼저 5가지 유형으로 구분했다.

각국의 고유특성 때문에 우리나라에 없는 외국 직업

랍비, 악어사냥꾼, 모헬사내아기에게 유태식 할례를 해주는 사람, 기모노제작자, 탕관사일본 전통 장례식에서 화장해주는 사람, 스모심판, 트램운전사선로를 따라 운행하는 전차운전사, 원주민 담당교사 등

과학기술의 수준 차이 때문에 우리나라에 없는 외국 직업

인체냉동보존전문가, 로켓엔진정비사, 우주비행사, 코로나연구원, 우주공간 스케줄 담당자 우주선의 적절한 발사시기를 조정하는 사람 등

법률적 차이 때문에 우리나라에 없는 외국 직업

원격진료코디네이터, 사립탐정, 레크리에이션치료사, 척추교정의사, 타투이스트, 자연치유사, 정시훈련기술전문가, 운동치료사, 개업물리치료사 등

우리나라의 시장과 맞지 않아 외국에만 있는 직업

여가생활상담원, 그린마케터, 탄소배출권거래중개인, 애완동물시터, 병원아동생활전문가, 가정에코컨설턴트, 이혼플래너, 사이버언더테이커 디지털 장의사 등

우리나라에 이미 도입되었으나 초기단계에 머물러 있는 외국 직업

네일아티스트, 퇴직지원전문가, 보조교사, 가정방문 건강관리사, 육아감독관, 잡코치 직장 적응 지원, 친환경건축인증전문가, 직무분석가 등

이러한 유형 구분을 한 뒤에, 연구자들은 본격적으로 우리나라에 도입 가능성과 도입한 이후 우리나라 시장에서의 수요를 예상해보고, 최종 102개를 우선 도입 검토 직업을 선정한 것이다.

그리고 최종적으로 그중 44개를 1차 신직업으로 발표하고, 17개를 2차 신직업으로 발표했다. 그런데 신직업이란 무엇인가.

> "신직업이란, 외국에는 있지만 국내에는 없는 직업으로 미래 일자리 수요가 있는 직업이며, 외국과 국내 모두 있는 직업이지만 법·제도의 정비 등 활성화를 통해 일자리 창출이 가능한 직업을 말한다."(고용정보원)

동물간호사, 애완동물장의사, 동물관리전문가, 애완동물행동상담원은 모두 102개에 포함된 우선 도입 검토 직업들이었으나 그중에 애완동물행동상담원만 신직업으로 선정한 것이다.

신직업에서 미래 변화의 원리를 찾아라

삼림치유지도사

- 삼림에서 이뤄지는 이용자의 산책과 운동을 안내한다.
- 숲의 힐링 효과에 대한 생리학적 식견을 갖고 이용자의 건강 상태에 맞는 올바른 삼림 테라피 방법을 조언한다.

그린빌딩인증평가전문가(Energy Assessors)

- 건물을 직접 관찰해 건물의 건축 시기, 유형, 층수, 냉난방 시스템에 관한 정보를 수집한다.
- 컴퓨터 소프트웨어 프로그램에 정보를 입력해 에너지 효율

성을 평가한다.

- 건물주에게 효율성 등급을 알려주고 효율성을 높일 수 있는 방법을 알려준다.

BIM디자이너(Building Information Modeling Designer)

- 설계 과정에서는 3차원 시뮬레이션을 통해 설계의 적합성을 살핀다.
- 공법에 따른 시공성을 사전에 검토하고 시공 과정에서 발생할 수 있는 문제를 점검한다.
- 유지관리에 필요한 데이터를 추출해 시설물의 유지관리에 필요한 예산을 세운다.

오염지재개발 전문가(Brownfield Redevelopment Specialists and Site Managers)

- 오염부지에 대한 측정 및 정밀조사를 실시한다.
- 오염부지 정화에 관한 계획 수립, 시공업체 선정, 시공관리 등을 담당한다.

리사이클링코디네이터(Recycling Coordinator)

- 공공기관을 위해 지역사회의 재활용 방법 등에 대해 교육을 실시한다.

- 재활용 쓰레기 등을 효율적으로 수집하기 위한 체계를 구축하고 실행한다.
- 재활용 처리 업체에서 수집, 식별, 조사 등을 담당한다.

기후변화전문가(Climate Change Expert)

- 기상청이나 기상연구소에서 근무하는 기후변화전문가는 과거의 기후 관련 데이터베이스를 분석해 미래의 기후 변화를 예측한다.
- 정부나 지방자치단체에서 종사하는 기후변화전문가는 기후 변화에 대비한 정책을 입안한다.

온실가스관리컨설턴트(Greenhouse Gas Management Consultant)

- 온실가스 관리의 필요성, 선제적 대응의 중요성에 대해 의사결정권자들에게 교육을 실시한다.
- 배출량 산정이 가능하도록 배출활동에 대한 데이터 수집, 배분 및 산정 등에 관한 방법을 조언한다.

그린장례지도사(Green Funeral Director)

- 자연장 등 친환경적 장례와 매장에 대해 컨설팅한다.
- 친환경 장례에 대한 홍보와 교육활동을 전개한다.

에너지절감시설원(Weatherization Assistance Program Home Repairers)

- 창호목공, 새시 제작 및 시공원, 단열 및 보온공, 보일러 설치 및 정비원 등의 역할을 수행하거나 이들을 지원한다.

냄새판정사

- 정상적인 후각을 가진 악취 감정 패널을 선정한다.
- 시료를 채취해 시험을 실시하고 이를 분석해 악취 정도에 대한 결론을 도출한다.

가정에코컨설턴트(Eco-Consultant)

- 전등 교체 제안과 같은 사소한 것부터 수돗물 절약, 가정에서 사용가능한 재생에너지 추천, 에너지 효율 가전제품 안내, 재활용 및 폐기물 절감과 같은 효율적인 에너지 사용에 대한 제안까지 에너지와 환경에 관한 전 분야의 컨설팅을 수행한다.

환경과 관련된 미래 신직업으로 등장한 것들이다. 설명을 보면 직업명을 보지 않고도 대략 짐작할 수 있다. 정말 중요한 것은 새로운 직업들이 생겨난 이유이다.

8가지 미래 변화 중에 이러한 직업을 만들어낸 변화 요소는 한

개일 수도 있고, 여러 가지가 복합적으로 작용될 수도 있다. 학생들에게 직업 변화의 원리에 체크해보게 했다. 모든 그룹이 공통적으로 체크한 한 가지 변화 원리는 '기후환경의 변화'였다. 그룹별 차이가 있지만 대개 3~4개 정도의 복합적인 변화 원리를 체크했다.

☑ **기술의 변화** 첨단과학의 발달, ICT의 발달
☐ **산업구조의 변화** 농림어업, 제조업 일자리 변화, 서비스산업 확대
☑ **인구구조의 변화** 베이비붐 세대 퇴직, 저출산, 고령화
☑ **기후환경의 변화** 기후 예측 중요성 부각, 환경 기준의 강화, 환경 오염
☑ **생활방식의 변화** 생활 여건의 향상, 삶의 질 향상
☐ **정부 정책의 변화** 금리정책, 부동산정책, 복지국가 지향, 기후 변화로 인한 규제
☑ **글로벌 환경의 변화** 국제화시대, IT발달로 국가 간 경계 변화
☐ **직업가치관의 변화** 고용안정 중시, 평생직장보다는 평생직업 중시

놀랍게도 어떤 그룹은 8개의 체크 박스에 모두 체크했다.
"직업가치관의 변화에는 왜 체크했니?"
"마치 지금 우리가 어떤 직업을 가지고 있을 때 자랑스러움을 느끼는 것처럼, 미래가 되면 환경 관련 직업에 남다른 자부심을

느끼지 않을까요? 직업의 가치관이 관련이 있다고 생각해요."

"그럼, 산업구조의 변화와 정부 정책의 변화에 체크한 이유는?"

"환경 관련 직업은 대부분 서비스업이에요. 지식을 기반으로 한 서비스라고 할 수 있죠. 그리고 환경에 대한 정부 규제가 더욱 까다로워지지 않을까요? 따라서 이런 환경 관련 정책에 맞추려면 전문가의 도움이 필요해질 겁니다."

인구구조의 변화에도 체크한 이유도 물었다. 역시나 답변은 명쾌했다. 물론 서로 간에 치열한 토론을 했기에 그런 답변도 가능했을 것이다.

"앞으로 고령자 비율이 점점 늘어날 겁니다. 그런데 과거보다 기후나 환경 등의 이유로 병을 앓는 고령자가 많아질 것이며, 이에 대한 관심도 높아지겠죠. 따라서 직업적인 필요도 역시 높아질 거라 생각해요."

이번에는 다른 테마로 만들어진 직업을 보여주고 그 직업이 생겨난 이유를 간단히 적어보는 활동을 해보았다.

조부모-손자녀 유대관계 전문가(Grand-Kid Workers)

- 손자녀와 조부모가 함께하는 캠프나 여행을 기획하고 운영한다.
- 손자녀와 조부모가 함께 즐길 수 있는 활동을 알려주고 조언한다.

육아감독관(Child Care Inspector)

- 육아 서비스 기관을 방문하고 관찰한다.
- 관찰, 서류검토, 면담 등을 통해 정보를 수집한다.
- 가정에서 평가보고서를 작성한다.
- 작성한 리포트는 온라인으로 제출한다.
- 기준에 부합하지 못한 내용을 육아 서비스 제공 기관에 제시하고 불만사항 등을 조사한다.

방문목욕도우미(訪問入浴ヘルパ-)

- 간호사는 입욕 전 혈압, 체온 등을 검사해 입욕 가능 여부를 판단하고 입욕 중에는 전신 상태를 관찰하면서 몸을 닦아준다.
- 개호직원헬퍼은 입욕 전 욕조를 설치하고 필요한 물품을 준비하며 입욕 중에는 이용자와 대화를 나누면서 몸을 씻겨준다.
- 개호직원오퍼레이터은 간이욕조를 실은 차량을 운전하고 스케줄 관리 및 조정을 담당한다.

입양사후관리원(Adoption Worker, Adoption Post-Counselor)

- 입양부모, 친부모 등과 인터뷰를 통해 가족 내 문제 상황을 상담하고 문제를 해결하도록 지원한다.
- 입양 후 지속적인 서비스를 통해 케이스 평가 및 관리를 실시

한다.

- 행사 및 프로그램을 기획해 입양아동과 가족의 사회 심리학적인 기능을 향상시키고 입양인의 정체성 확립과 적응을 지원한다.

노년플래너(End-of-life Planner)

- 단순히 장수할 수 있는 방법을 제시하기보다는 고객이 스스로 죽음을 계획하고 관리할 수 있도록 지원한다.
- 노후에 재테크하는 법, 건강하게 사는 법, 자손들과 건강한 인관관계를 유지하는 법 등에 대해 조언한다.

케어매니저(ケアマネジャー)

- 수요자에게 요양보호사가 제공할 서비스의 내용과 서비스 제공 인력, 스케줄 등을 확인하고 조정한다.
- 요양보호사가 최적의 서비스를 제공할 수 있도록 서비스 수행 방법 및 유의사항을 숙지시킨다.
- 수급자격 여부 및 장기요양보험의 신청 등 행정 업무를 대행한다.

보건 및 사회시설 품질평가원(Qualitä)

- 병원, 노인 및 장애인 요양소, 사회복지관 등의 시설 현황을

평가한다.

- 해당 시설 및 기관의 복지 업무 과정을 분석하고 근무자를 대상으로 인터뷰를 실시한다.
- 조사 결과를 품질 보고서로 작성하고 비용 절감 방법 등 개선 방안을 제시한다.
- 결과를 문서로 정리해 해당 시설의 운영 과정과 운영지침 등이 포함된 품질관리용 소책자를 만든다.

가정방문건강관리사(Health Visitor)

- 영국의 가정방문건강관리사는 지역사회에서 질병 예방 및 보건 증진을 위해 일하는 숙련된 간호사나 조산사를 말하며 5세 미만 자녀를 둔 엄마를 찾아가 육아에 대한 실질적인 정보를 제공한다.

방문미용사(介護美容師)

- 서비스를 제공할 시 고객의 다양한 신체 상황과 장애 특성에 대응할 수 있도록 미용 기술과 지식, 요양보호 관련 기초지식 등을 활용한다.
- 혼례 등과 같은 의식에 참여하는 사람들에 대해 의식에 적합한 미용 서비스를 제공한다.

복지주거환경코디네이터(福祉住居環境コーディネーター)

- 이용자의 신체 상태나 간병하는 가족의 상황, 경제적인 면 등을 자료나 면담을 통해 파악한다.
- 휠체어의 이동을 고려한 문턱 제거, 욕실이나 화장실에 손잡이 설치와 같은 보다 나은 주거환경 조성에 관해 제언한다.
- 공사 후 살기 편한 환경이 조성됐는지 확인한다.
- 정부의 복지 시책과 복지·보험 서비스 등에 대한 정보를 제공한다.

정신대화사(精神対話士)

- 정신적 보살핌이 필요한 사람들을 대상으로 약이나 정신요법과 같은 의료행위를 실시하는 것이 아니라 따뜻한 대화를 통해 삶의 무게를 덜어주고 삶에 대한 희망을 부여한다.
- 대상은 고령자, 은둔형 외톨이, 대인관계를 힘들어하는 사람, 간병에 지친 사람, 사고나 재해 피해자 등 '누구나'이다.

사별애도상담원(Bereavement Counselor)

- 사별로 슬픔에 빠진 가족을 대상으로 상담활동을 수행하며 독서치료, 놀이치료 등을 병행한다.
- 사별에 따른 문제에 대처할 수 있도록 관련 서비스를 코디네이팅한다.

- 죽음을 어떻게 받아들이고 극복할 것인지에 대해 조언하고 삶이 얼마나 소중한 것인지에 대한 인식을 갖도록 독려한다.

자살예방상담가(Suicide Prevention Counselor)

- 대화를 통해 상담자의 심리적 안정을 도모하고 경우에 따라 지속적인 돌봄서비스를 제공한다.
- 자살 시도자에 대한 사후관리를 통해 재발을 방지한다.

미래직업 변화 원리 중 고령화에 초점을 맞춘 신직업들이다. 직업의 세부적인 발생 필요에 대해 이야기를 나눴다. 학생들은 다양한 의견들을 쏟아냈다.

"고령화, 저출산 시대에는 죽음에 대한 서비스가 더욱 필요해집니다."

"고령화 시대에는 노인빈곤, 노인자살 등이 심각한 사회문제가 될 것입니다. 오래 사는데 몸이 아프고, 외롭고, 돈이 없는 삼중고를 겪게 될 수 있습니다."

"고령화 시대에는 활발하게 이동하기가 어려울 것입니다. 따라서 찾아가는 서비스가 늘어날 것 같습니다. 찾아가는 미용사, 찾아가는 목욕탕이 필요하지 않을까요?"

"고령화이면서 또한 저출산 시대이기 때문에 신생아가 적으니 입양이 활성화될 것 같습니다. 또한 아이들이 너무 적다 보니 곱게 키우고, 육아를 감시 관리하는 직업이 필요해질 수 있어요."

기술 혁신이 가져올 새로운 직업들

미래의 병원 풍경은 어떻게 바뀔까? 의사가 처방전을 주고, 오른쪽에서는 인공지능 의사 '왓슨Watson'이 처방전을 출력한다. 이미 국내 병원에서 도입한 인공지능 의사 서비스이다. 미래 의사라는 전문직이 처한 현실을 상징적으로 보여준다. 이번에도 학생들과 그림에 나와 있는 신직업 이름과 함께 그 직업이 어떤 다른 직업이나 분야와 융합할 수 있는지 토론해보았다. 물론 정답이 있는 활동은 아니다. 여러분도 마음껏 상상해보기 바란다.

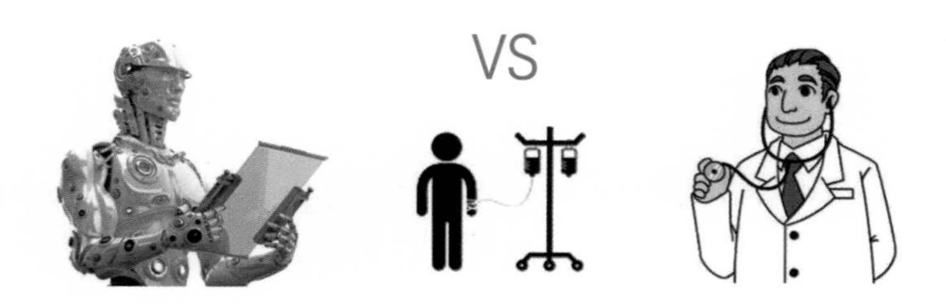

의료용로봇전문가(Medical Robot Specialists)

- 의료용로봇의 구조를 설계하고 로봇의 구동을 위한 알고리즘과 프로그램의 구조를 설계해 작성하며 로봇에 탑재시키는 일을 수행한다.
- 의료용로봇의 기계, 전자, 소프트웨어의 성능 향상을 연구하고 개발한다.

놀이치료사(Play Therapist)

- 보호자 또는 아동과 상담해 아동의 개인 발달사항, 가족관계, 학습활동 등을 조사하고 기록한다.
- 각종 검사를 실시해 심리적 문제의 유형 및 정도를 진단한다.
- 놀이기구가 설치돼 있는 놀이방에서 아동이 선택한 기구로 놀이를 진행한다.
- 놀이치료가 끝난 뒤 아동 및 보호자를 상대로 지도활동을 하고 결과보고서를 작성한다.

당뇨상담사(Diabetesberater/in)

- 클리닉, 대형병원, 건강보험 정보센터, 보건소 등에 소속돼 개인이나 단체를 대상으로 당뇨 관련 설명회나 상담을 개최한다.
- 당뇨병을 주제로 강연활동을 펼친다.

- 당뇨측정기, 인슐린주사기 등 당뇨관리 용품에 대한 사용방법을 환자에게 알려준다.
- 개인의 당뇨 상태에 적합한 식단을 계획한다.
- 당뇨로 판정된 환자를 정서적으로 위로한다.

U-Health전문가(Ubiquitous Health Specialists)

- IT 인력은 유헬스케어의 기반이 되는 장치 간의 헬스 정보 프로파일과 관련된 업무를 수행하는 프로그램과 시스템의 개발자이다. 환자를 모니터링하는 센싱기술, 정보를 취합하고 전송하는 기술, 수집된 다양한 건강정보 데이터를 분석하는 기술 등을 개발해 공급한다.
- 의료 인력은 분석 및 피드백 단계에서 의료 정보를 제공한다. 의사나 간호사, 운동처방사 등 병원 내 의료진들이 역할을 수행하며 환자의 건강정보 분석 등을 실시한다.

원격진료코디네이터(Telemedicine Coordinator)

- 의료 정보에 대한 관리 및 이전 등을 담당하며 올바른 진료를 위해 환자에 대한 의료 데이터를 준비한다.
- 원격지의 의사와 환자, 현지 의사 간의 원활한 원격진료가 이뤄질 수 있도록 조율하는 역할을 수행한다.

운동치료사(Motopää)

- 대상자별, 생애주기별 운동처방 지침을 개발하고 보급한다.
- 지역사회 생활체육 활동을 증진하기 위한 프로그램을 조성하고 건강운동 기반 조성을 위한 정책을 개발한다.
- 고령화 사회에 대비해 노인건강운동 서비스를 제공하는 등 건강 증진 도우미의 역할을 수행한다.

의료소송분쟁조정사(Medical Dispute Arbitrator)

- 의료 분쟁과 관련된 제도와 정책에 대해 연구하고 통계를 작성하며 교육 및 홍보와 관련된 업무를 수행한다.
- 조정 신청이 있는 경우 사실 조사에 대한 조정안을 작성하고 신청인과 피신청인, 분쟁 관련 이해관계인이 조정 절차 중 조정부에 출석해 발언할 수 있도록 한다.

음악치료사(Musical Therapist)

- 의뢰인이 필요로 하는 부분을 정확히 조사하고 이에 기초해 음악치료의 목적과 목표를 확립한다.
- 음악치료를 통해 환자와 긴밀한 인간관계를 형성하고 여기에서 발생하는 상호이해와 신뢰를 바탕으로 지속적인 치료를 한다.

의료일러스트레이터(Medical Illustrator)

- 의학 관련 논문이나 강의에 사용되거나 환자에 대한 치료 및 수술 결과 등을 설명하는 데 활용되는 시각자료를 작성한다.
- 일반인도 이해하기 쉽고 호감이 가는 그래픽 콘셉트를 개발하고 해부학 교육용 모델을 만든다.

우리나라에는 없지만 외국에 있는 직업, 그리고 변하는 미래의 모습을 담고 있는 직업이기 때문에, 그 속에 직업과 직업의 결합 또는 분야와 분야의 결합 또는 기능과 기능의 결합을 살펴볼 수 있는 활동이다. 각 직업명에 대해 학생들은 나름 토론을 거쳐, 2가지 이상의 직업 융합을 발표했다.

- 의료용로봇전문가 = 의학 + 로봇공학 + 기계공학
- 놀이치료사 = 심리상담가 + 의사 + 보육교사
- 당뇨상담사 = 의사 + 영양사 + 상담가
- U-Health전문가 = 간호사 + 운동처방사 + IT전문가
- 원격진료코디네이터 = 병원코디네이터 + 의사 + 간호사
- 운동치료사 = 물리치료사 + 작업치료사 + 재활치료사 + 스포츠 트레이너
- 의료소송분쟁조정사 = 손해사정사 + 변호사
- 음악치료사 = 음악가 + 심리상담가 + 행위예술가

• 의료일러스트레이터 = 의사 + 일러스트레이터

신직업이라고 해서 이전에 없던 전혀 새로운 것이어야 하는 것은 아니다. 상당수의 신직업은 기존에 있던 직업의 가능성 중에서 서로 결합하고 사람들의 새로운 필요가 결합하여 만들어지는 경우가 많다.

청소년이 도전할 만한 직업들

국가는 신직업을 발표한 이후 이를 많은 사람이 활용하도록 다양하게 구성해 놓았다. 생애시기별로 구분해 놓거나, 혹은 인문사회계열과 이공계 출신이 진출하기에 적합한 신직업으로 구분했다. 생애시기별로 구분할 때는 청소년이 도전하면 좋은 신직업과 3050세대가 진출하면 좋은 신직업, 그리고 중장년이 기존 전문성과 경력을 활용해서 도전하면 좋은 신직업을 따로 분류했다. 마지막으로 창업하기에 좋은 신직업도 별도로 모아서 보여주고 있다. 각 주제별 신직업 목록을 소개해본다.

미래 청소년이 도전하면 좋은 직업

상품·공간스토리텔러, 정신건강상담전문가, 약물중독예방전문요원, 정밀농업기술자, 3D 프린팅운영전문가, 자살예방전문요원, 감성인식기술전문가, 미디어콘텐츠창작자, 홀로그램전문가, 인공지능전문가, 행위중독예방전문요원, 빅데이터전문가, 소셜미디어 전문가.

인문사회계열 출신이 진출하면 좋은 직업

기술문서작성가, 상품·공간스토리텔러, 신사업아이디어컨설턴트, 지속가능경영전문가, 크루즈승무원, 직무능력평가사, 사이버평판관리자, 소셜미디어전문가, 의료관광경영컨설턴트, 대체투자전문가, 기업컨시어지, 협동조합코디네이터, 개인간P2P대출전문가, 진로체험코디네이터, 빅데이터전문가.

이공계 출신이 진출하면 좋은 직업

기술문서작성가, 의약품인허가전문가, 과학커뮤니케이터, 도시재생전문가, 녹색건축전문가, 연구실안전전문가, 해양설비플랜트기본설계사, 방재전문가, BIM빌딩정보모델링디자이너, 정밀농업기술자, 연구기획평가사, 연구장비전문가, 3D 프린팅운영전문가, 기업재난관리자, 홀로그램전문가, 감성인식기술전문가, 화학물질안전관리사, 레저선박시설마리나전문가, 사이버평판관리자, 빅데이터전문가, 인공지능전문가, 온실가스관리컨설턴트.

3050 여성에게 적합한 직업

의료관광경영컨설턴트, 주변환경정리전문가, 병원아동생활전문가, 산림치유지도사, 정신대화사, 이혼상담사, 가정에코컨설턴트, 생활코치, 매매주택연출가, 과학커뮤니케이터, 애완동물행동상담원, 영유아안전장치설치원, 임신출산육아전문가.

중장년, 전문성과 경력을 활용해 도전하면 좋은 직업

3D 프린팅운영전문가, 주변환경정리전문가, 문화여가사, 산림치유지도사, 주택임대관리사, 이혼상담사, 주거복지사, 기업재난관리자, 노년플래너, 민간조사원, 신사업아이디어컨설턴트, 도시재생전문가, 전직지원전문가.

새로운 아이디어를 더해 창업이 가능한 직업

3D 프린팅운영전문가, 신사업아이디어컨설턴트, 매매주택연출가, 정신대화사, 애완동물행동상담원, 영유아안전장치설치원, 생활코치, 주변환경정리전문가, 기업프로파일러, 그린장례지도사, 이혼상담사, 노년플래너.

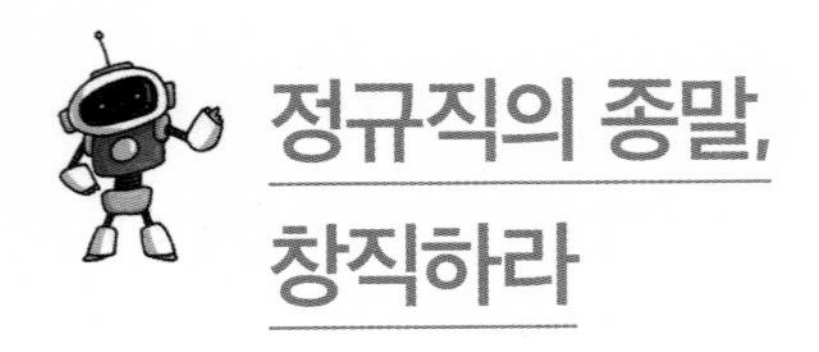

정규직의 종말, 창직하라

아마도 '창직Job Creation'이라는 말을 처음 들어보는 이들이 많을 것이다. 영어를 보면 대략 어떤 의미인지 짐작할 수 있다. 한 학교에서 '창직'과 관련해 국내 최고 창직전문가와 내가 함께 무대 위에 올라 토크쇼를 진행한 적이 있다. 내가 질문을 하면 창직전문가가 답을 하는 형식이었다. 그날 강연은 학생들로부터 폭발적인 반응을 이끌어냈다.

Q. 한국창직종합학교 설립자, 한국창직협회회장, 국내 1호 창직컨설턴트. 이는 모두 한 사람을 말합니다. 네이버에서 '창직'이라고 입력하면 나오는 모든 포스팅은 한 사람이 쓴 것입니다. 이게 사실입니까?

A.

맞습니다. 어쩌다 보니 그렇게 되었습니다. 제가 포스팅하기 전에는 '창직'이라고 입력해도 '검색결과'가 없는 백지 상태였습니다.

Q. 창직이란 뭐죠?

A.

쉬운 설명을 위해, 창직이 튀어나온 배경부터 말하겠습니다. 발생하게 된 배경과 이유를 알아야, 개념을 더 잘 알 수 있습니다.

Q. 왜 꼭 그런 순서로 이해해야 하죠?

A.

시대적 필요에 의해서 만들어진 개념이기 때문에 그 '필요'를 알면 이해가 쉽습니다. 필요를 알기 위해서는 그 필요가 발생하게 된 결핍 즉, '불편'을 먼저 이해해야 합니다.

Q. 창직이 나올 수밖에 없는 그 어떤 시대적 불편함이 있군요. 그게 무엇일까요?

A.

가장 큰 불편함은 직업의 수가 적고, 직업을 구하는 사람의 수가 많은 겁니다. 직업의 수가 적은 것보다 '일자리'가 줄어든 겁니다. 또한 같은 직업이어도 종사자가 많을 수 있는데 종사자가 줄어든 겁니다.

Q. 왜 일자리가 줄어들었을까요?

A.

산업의 구조가 바뀌었어요. 눈에 보이는 생산이 아니라, 눈에 안 보이는 서비스가 주요 상품이 되었고, 많은 고용이 필요 없는 생산방식이 늘어났습니다.

Q. 그런 변화를 몰랐을까요? 그런 변화에 충분히 대응하며 준비를 했을 텐데요.

A.

예측했습니다. 그런데 대비를 못했어요. 오히려 준비되지 않은 인재들을 더 많이 졸업시키게 되었어요. 공부를 오래한 고학력 졸업생이 많은데, 이미 있는 일자리가 너무 적은 불균형이 커진 거죠.

Q. 기업과 시장에서 필요한 인재와 공급될 인재의 숫자에서 불균형이 생긴 것이군요.

A.

숫자의 불균형뿐만 아니라, 내용적인 괴리도 큽니다. 대학의 과목이, 일자리가 필요로 하는 역량교육과 맞지 않는 문제도 있습니다.

– 잡크리에이터 이정원 회장과의 인터뷰 발췌

현재 심각하고 마음 아픈 현실은 역시 청년실업이다. 단군 이래 가장 높은 스펙을 자랑하는 지금의 대학 졸업생들은 그 어느 시대보다 높은 스펙으로 대학을 졸업하고, 그 어느 시대보다 많은 수가 사회로 진출하기 위해 대학 정문을 나서는데, 일자리 수는 더 줄어든 것이다. 지식 서비스와 기술 혁신으로 고용을 더 늘리지 않아도 돌아가는 경제가 되어버린 것이다. 이것이 바로 인재수급의 불일치이다. 여기에 설상가상으로 진로 탐색이 충실히 되지 않은 상태에서 대학만 나오고 보자는 식으로 성장하다 보니 막상 졸업을 앞두고 전공과 희망하는 직무가 맞지 않는 일도 허다하다.

창직전문가는 이러한 불일치를 '미스매칭' 또는 '격차Gap'라는 단어로 설명했다. 그리고 우리 사회의 불일치로 인한 갭이 점점 더 커지고 있음을 강조했다. 이러한 갭으로 인해 창직으로 나아갈 수밖에 없다고 한다. 창직에 대한 정의를 다시 한 번 살펴보자.

"창직(創職, Job Creation)이란, 창조적 아이디어와 활동을 통해 스스로 새로운 직업을 발굴하고 이를 바탕으로 노동시장에 진입하는 것을 말합니다. 문화·예술·IT·농업·제조업 등 다양한 분야에서 창조적인 아이디어와 활동을 통해 자신의 지식, 기술, 능력, 흥미, 적성 등에 부합하는 기존에 없던 직업을 창출하는 것입니다."(고용정보원)

이미 창직은 일어나고 있다

창직은 이미 현실 속에 벌어지고 있다. 아마도 궁금증이 솟구칠 것이다. "실제 창직을 통해 어떤 직업이 만들어지나요? 창직의 결과로 생긴 직업은 정말 이전에 없던 것인가요? 창직은 어떤 방법으로 하는 것인가요? 창직은 신직업과 같은 건가요? 다른 건가요? 신직업처럼 창직도 국가가 인정해 주나요? 실제 창직한 사람들은 직업으로서 돈을 벌고 있나요? 밥은 먹고살 수 있나요?"

가치공유컨설턴트, KFood외교관, 로봇엔터테이너, 프리마켓기획자, 퍼스널브랜드코치, 청년창업지원가, 반려동물사진사, 푸듀케이터, 청소년진로교육잡지발행인, 업사이클러, 캠퍼스멘토, 쇼핑몰네트워크전문가, 소셜데이팅코디네이터, 실시간전기요금확인장치개발자, 원페이퍼북작가, 요트레저운항사, 난독증전문가, 재능세공사, 온라인평판관리사, 길연구가, 애완동물교육전문가, 아이디어컨설턴트, 펀드레이저, 수중재활운동사, 기상컨설턴트, 프레젠테이션컨설턴트, 말미용가, 할랄인증컨설턴트, 동물초음파진단사, 영양서비스컨설턴트, 애완동물작가, 요트중개인, 스토리컨설턴트, 문화교류코디네이터, 사진조사원, 유아수면컨설턴트, 장애인집수리전문가, 노인이주컨설턴트, 난독증학습장애지도사, 지역상점대출중계플랫폼운영자, 창직컨설턴트, 상품스토리텔러, 3D 프린팅숍매니저, 로봇컨설턴트, 건축여행기획자, 장애인여행코디네이터, 의료관광컨시어지, 농산물꾸러미식단플래너, 시니어여가생활매니저, 시니어전화안부상담사, 자기성장기간(갭이어)기획자, 홈스쿨코디네이터, 여행비디오창직자, 창작자에이전트, 스포츠영상전문가, 캠핑비즈니스전문가, 트리클라이밍지도사, 유휴공간활용컨설턴트, 주택하자평가사….

이것이 '창직'전문가와 국가가 인정한 창직 결과로 나온 직업들이다. 물론 지면에 담지 못한 더 다양한 창직 직업들이 존재한다. 목록은 신직업 목록에 없던 직업들이 대부분이다.

이 직업들이 각각 무슨 일을 하는지 이해할 필요가 있다. 간단하게 정리하면 다음과 같다. 좀 더 자세히 알고 싶다면 한국고용정보원의 「우리들의 직업 만들기창직」에서 정보를 찾아 읽어보자. 다음의 각 주제별 창직 분류는 학생들과 함께 다양한 창직인터뷰를 읽고 활동한 결과이다.

기후의 변화와 관련된 창직

- 업사이클러는 습관적으로 쓰이고 무의식 속에 버려지는 폐기물 문제를 해결하기 위한 사업을 한다.
- 실시간전기요금확인장치개발자는 녹색 제품을 기획하고 연구·개발하여 실제 판매한다.
- 기상컨설턴트는 개별 기업들에게 필요한 기상 관련 정보를 안내해주고 활용할 수 있게 해주는 일을 한다.

고령화 사회와 관련된 창직

- 노인이주컨설턴트는 노인들의 이주 계획 수립을 돕고 이삿짐 센터, 부동산 등 이주와 관계된 사업체를 추천, 관리 감독하며 이사 후 노인의 신체활동에 적합하도록 가구를 배치하는 등 이주에 따른 스트레스를 덜어 노인들이 편안하게 삶을 즐길 수 있도록 지원한다.
- 시니어여가생활매니저는 시니어 계층의 은퇴 후 시간 관리 등을 돕고 다양한 네트워크를 제공한다.
- 시니어전화안부상담사는 시니어 계층에게 전화를 매개로 안부를 묻고, 이외에 건강, 재무 등의 서비스를 제공한다.

미래 기술 변화와 관련된 창직

- 3D 프린팅숍매니저는 3D 프린팅을 활용하여 출력 대행과 시제품 제작, 3D 프린팅 교육 및 홍보를 한다.
- 로봇컨설턴트는 로봇에 대한 기본적인 지식을 기반으로 로봇 연구 기획 및 개발부터 마케팅, 행정 등 제반사항을 컨설팅한다.
- 로봇엔터테이너는 로봇을 활용한 문화콘텐츠로 사람들에게 즐거움을 주는 일을 한다.
- 동물초음파진단사는 주로 축산농가에서 요청이 오면 동물초음파 기계로 소의 육질 상태나 돼지의 임신 여부 등을 판정

해주는 일을 한다.

고령화 + 1인 가족 + 개인화 사회 = 반려동물문화와 관련된 창직

- 반려동물사진사는 반려동물과 함께하는 행복한 순간들을 추억할 수 있도록 사진으로 남기는 일을 한다.
- 애완동물교육전문가는 게임을 통해 반려동물 교육 프로그램을 운영한다.
- 애완동물작가는 애완동물과 관련한 뉴스를 취재, 편집, 평론하는 업무를 하고 애완동물 관련 기업체의 광고카피를 작성하거나 웹사이트의 콘텐츠를 만드는 일을 한다.

교육환경의 변화와 관련된 창직

- 원페이퍼북작가는 책 한 권을 읽고 나서 책의 내용을 핵심과 구성 중심으로 원페이지로 요약한 교과서형 요약본을 제공한다.
- 홈스쿨코디네이터는 개별 학생에게 적합한 교육 과정을 짜고, 주기적으로 평가하여 홈스쿨링이 제대로 진행될 수 있도록 지원하며, 홈스쿨링 해외사례 소개, 공부 습관에 대한 조언한다.
- 청소년진로교육잡지발행인은 청소년 진로 월간잡지로서 진로 정보, 학습법, 멘토링 등의 내용을 실어서 제공한다.

- 자기성장기간 갭이어 기획자는 갭이어를 보내려는 청소년, 대학생 등이 자신의 적성에 맞는 다양한 경험을 통해 견문을 넓히고 꿈을 찾을 수 있도록 프로그램을 기획하고 지원한다.

평생직업 인식의 변화와 관련된 창직

- 퍼스널브랜드코치는 창직을 하거나 새로운 분야를 개척하고 싶은 사람들에게 코칭을 통해 직업을 찾고 자신만의 브랜드를 만들 수 있도록 돕는 일을 한다.
- 청년창업지원가는 청년 창업에 대한 컨설팅, 장년층을 대상으로 한 코칭과 상담을 한다.
- 가치공유컨설턴트는 전문 업무 종사자가 퇴직 후 자신의 분야에서 쌓은 오랜 경험을 바탕으로 도움이 필요한 중소기업에 업무를 지원하고 생산성을 높이기 위한 문제해결을 컨설팅해주는 직업이다.
- 창직컨설턴트는 창직 희망자나 초기 창직자에게 올바른 창직 방향과 방법을 제시해주고 새로운 직업으로 안착될 수 있도록 지원 및 컨설팅을 한다.

의료서비스의 틈새와 관련된 창직

- 난독증전문가는 난독증을 진단하고 처방하며 치료하는 일을 한다.

- 재능세공사는 개인마다 가지고 있는 재능을 찾고 그 재능을 바탕으로 하고 싶은 일을 찾을 수 있도록 도와주는 역할을 한다.
- 수중재활운동사는 지상과는 다른 물리적 효과를 이용하여 신체적 질환신경계 질환 및 근골격계 질환, 심장순환계 질환으로 인한 신체적·기능적 움직임 저하 및 발육지연을 지닌 사람들의 발육발달 및 운동발달을 위해 수중에서 하는 재활운동을 사업으로 한다.
- 난독증학습장애지도사는 유아, 청소년, 성인 등 난독증을 앓고 있는 사람들을 대상으로 학습장애를 진단, 검사하고 이들을 교육, 훈련하며 부모, 관계자 등에게 조언한다.
- 유아수면컨설턴트는 신생아에서 유아기 아이의 수면문제 때문에 어려움을 겪고 있는 가정에 전화 및 이메일을 통하여 수면 관련 최신의 정보관련 연구, 제품, 책 등를 제공하고, 아이의 수면장애 관련 상담 및 조언수면자세, 아이의 심리 등을 한다.
- 의료관광컨시어지는 외국인 의료 관광객이 필요로 하는 모든 서비스를 제공한다. 의료 관광객의 입국에서부터 출국까지의 전 과정을 가장 가까이에서 도와주는 일을 한다.

사회복지에 대한 관심 증대와 관련된 창직

- 장애인집수리전문가는 장애가 있는 사람의 특정한 욕구를 충

족하기 위하여 집을 개조하는 데 필요한 모든 서비스를 제공한다.

- 장애인여행코디네이터는 장애인 고객의 요청에 따라 그들이 원하는 여행에 대한 모든 서비스를 제공한다.

건강, 웰빙에 대한 관심 증가와 관련된 창직

- 영양서비스컨설턴트는 일상에 바쁜 현대인을 위해 일간, 주간, 월간 단위의 식단을 분석하여 필요한 영양식에 대한 조언과 함께 식단 구성, 그리고 관련된 요리방법을 안내한다.
- 농산물꾸러미식단플래너는 친환경 식단을 이용하려는 소비자에게 친환경 농산물 목록과 함께 적절한 조리 방법, 식단표 등을 제공한다.
- 푸듀케이터는 음식과 관련된 여러 가지 환경, 건강, 농업, 지역경제 등의 사회적 문제를 식생활 교육과 캠페인을 통해 개선하고자 하는 일을 한다.

여가 및 테마 관광 산업의 발달과 관련된 창직

- KFood외교관은 우리의 음식을 외국인에게 소개하는 일을 한다.
- 건축여행기획자는 여행지의 대표 건축물과 해당 도시 등에 대한 역사적·문화적 지식을 바탕으로 건축여행 프로그램을

기획하는 일을 한다.

- 여행비디오창직자는 여행지의 실제 풍경, 문화, 역사 등을 촬영하여 기록하는 일을 한다. 여행객이 이용하는 숙박시설, 유명 관광지, 교통 시설 등을 직접 촬영해 전문 사이트나 SNS 등에 업로드해 다른 여행자들이 참고할 수 있게 정보를 제공한다.
- 길연구가는 최근 관심이 높아지고 있는 소규모 여행, 콘텐츠와 스토리가 있는 여행, 도보여행과 관련된 일을 한다.

스토리 기반 서비스 산업 발달과 관련된 창직

- 상품스토리텔러는 상품 판매를 촉진하기 위해 기업의 비전과 미션, 이미지를 담아 제품과 브랜드마케팅에 활용하기 위한 스토리를 개발한다. 이를 위해 상품에 스토리 구조를 설계한 후 특색 있는 이야기를 창조해 담아낸다.
- 스토리컨설턴트는 스토리창작자작가/프로듀서가 창작하는 스토리에서 특정한 소재나 직업, 기술, 산업에 대하여 자신의 전문성을 기초로 자문 또는 조언을 해주거나 체험을 제공해주고 스토리상에 효과적으로 반영될 수 있도록 도와준다.
- 창작자에이전트는 창작자의 창작물을 등록 및 관리하는 일을 한다. 창작물의 출판 및 대여, 번역 등의 제안이 들어오면 중개 역할도 하며 또 작품 출판 등 대중에게 소개되는 기회

가 생기면 영업 및 마케팅 활동도 한다.

상거래 방식 다양화와 관련된 창직

- 프리마켓기획자는 누구나 참여할 수 있는 오픈형 마켓이나 시장을 기획한다.
- 쇼핑몰네트워크전문가는 여러 디자이너의 디자인 콘텐츠를 온라인으로 거래하는 일종의 디자인 오픈마켓을 직접 개발하고 운영한다.
- 아이디어컨설턴트는 서비스·제품 등에 대한 아이디어를 만들고, 이를 콘셉트로 개발해나가는 일을 전문적으로 한다.
- 펀드레이저는 교육, 의료, 사회복지, 소수자 보호, 환경, 인권, 종교 등 다양한 사회적 필요를 채우기 위해서는 자금이 필요한데, 이러한 필요를 알리고 대중으로부터 공감을 이끌어내고, 참여하게 해서 재정적인 후원까지 이끌어내는 일을 한다.
- 지역상점대출중계플랫폼운영자는 대출을 필요로 하는 상점 운영자의 재산상황이나 신용등급 그리고 매출분석 자료를 추가적으로 고려해 대출 가능한 금액의 한도와 금리를 산정하고 저금리 시대에 높은 금리를 제공하는 투자처를 원하는 사람에게 연결하는 P2P Peer to Peer 대출을 중계한다.

필요한 정보, 불필요한 정보 선별 서비스와 관련된 창직

- 온라인평판관리사는 기업, 개인의 온라인상의 평판을 관리, 제고하는 것으로, 온라인상에서 원치 않는 사진이나 글, 동영상 등의 게시물을 삭제하거나 공인이나 회사브랜드의 온라인 명성을 고객이 원하는 방향으로 설정해주는 일을 한다.
- 사진조사원은 광고, 서적, 잡지, 신문, 카탈로그, TV 프로그램 등 다양한 매체에 활용할 수 있는 적합한 사진을 찾아준다.

문화 다양성과 소통 서비스 강화와 관련된 창직

- 할랄인증컨설턴트는 할랄 인증을 받고자 하는 기업, 품목 등에 대해 할랄 인증 관련 전반적 절차를 컨설팅해주고 할랄 인증 취득에 필요한 사항을 자문하며 할랄 제품의 마케팅 및 홍보, 수출무역 등과 관련한 사항에도 컨설팅해주는 일을 한다. 할랄 Halal은 무슬림에게 허용된 것이라는 의미를 가지고 있고 일반적으로 무슬림들이 먹을 수 있는 식품들을 말한다.
- 문화교류코디네이터는 서로 다른 문화의 차이에서 발생하는 문화적 충돌을 줄이고 문화 융합을 통한 사회적 조화를 이룰 수 있도록 집단 혹은 개인 간의 문화적 소통을 연결하고 중개한다.
- 소셜데이팅코디네이터는 싱글남녀에게 하루에 한 명씩 운명의 짝을 소개해주는 새로운 콘셉트 =소셜데이팅 의 온라인데이

팅 서비스를 한다.

스포츠과학과 스포츠상품 다양화와 관련된 창직

- 스포츠영상전문가는 스포츠 경기 촬영을 위해 지역별로 있는 경기장에서 촬영이 가능한 모든 카메라 수량을 검토하고, 어떤 위치에서 촬영해야 하는지 등을 기획한다. 각 종목의 경기 규칙에 맞춰 카메라의 위치를 정하고, 촬영을 통해 심판이 판정 및 기록을 할 수 있도록 돕는 일을 한다.
- 트리클라이밍지도사는 일반인이 나무와 나무 사이에 설치된 각종 시설물을 이용해 안전하게 나무에 오르는 활동을 돕는다. 이 과정에서 트리클라이밍에 필요한 장비를 판매 또는 대여하고 장비의 올바른 착용법을 교육하기도 한다.

공간 서비스 다양화와 관련된 창직

- 유휴공간활용컨설턴트는 유휴시설이나 여유 공간 등 일반적인 매매와 임대를 통해서는 거래가 어려운 공간을 다양한 목적에 따라 활용할 수 있도록 하는 컨설팅을 수행하며 더불어 고객도 알선·중개해준다.
- 주택하자평가사는 주택의 철저한 검사를 통해 문제점을 찾아내고, 하자 발견 시 해결 방안을 제시하는 등 주택 구입자가 주택을 구입할 때 정확한 판단을 할 수 있게 도와주는 일

을 한다.

위 내용들은 학교 진로 수업에서 학생들과 함께해서 나온 결과이다. 현재 다양하게 일어나는 창직을 학생들의 시선에서 이해하게 한 수업이었다. 여러분도 관심이나 적성이 있는 분야에서 창직에 대한 아이디어를 마음껏 생각해보는 시간을 가져보기 바란다.

분류한 각 주제들은 미래 변화를 담고 있다. 기후환경의 변화, 인구구조의 변화, 기술의 변화, 생활방식의 변화, 제도의 변화, 직업가치의 변화 등이다. 사실 이러한 모든 변화의 기저에는 '사람'이 있다. 그리고 사람의 '필요'와 '요구'가 숨겨져 있다. 변화의 원리가 먼저 있고, 이에 따라 사람의 필요가 발생할 수도 있다. 기술

변화의 요인과 직업발생의 단계

직업변화 요인	세부변화 요인	새로운 직업의 예
정부정책 및 법, 제도도입	사회복지 정책의 확대 외국인력 유입 정책	의료관광코디네이터
	수학 교과 개정 입학사정관제 시행	스토리텔링수학지도사 포트폴리오지도사
기술발전과 혁신	스마트폰 보급	애플리케이션개발자
기업의 경영방식	채용방식의 변화	헤드헌터
	기부문화 확산	사회적책임(CSR)컨설턴트
가치관과 라이프스타일	여가, 건강, 미용 등에 대한 욕구 증대 소비자 주관 증대	다이어트프로그래머 애견트레이너
환경과 에너지	기후변화 및 환경기준 강화	기후변화전문가
인구구조 변화	인구의 고령화	노인전문간호사

이 생겨나고, 이에 따라 활용의 필요가 발생할 수도 있다.

욕구와 필요, 가치가 직업 변화의 원리와 만나면 세부적인 변화가 일어난다. 사회복지 정책이 확대되고, 외국인력 유입 정책이 세워진다. 바로 이 지점에서 창직의 가능성이 생긴다. 창직의 발상은 근본 욕구와 필요, 시대 변화를 읽고 변화의 원리를 통해 실제 일어난 변화 요인 등에서 아이디어를 꺼내는 것이다. 한 청년창직가로 알려진 '푸듀케이터'가 한 인터뷰에서 창직할 때 꼭 기억해야 할 점을 말했다.

> "그 직업을 필요로 하는 사회적 배경과 환경, 필요가 있어야만 일하는 사람이 존재할 수 있습니다. 그러니 그 사회에서 문제시되는 것은 무엇인가, 사회가 필요로 하는 일이 무엇인가를 파악해내야 합니다. 무작정 찾는 것이 아니라 내가 잘할 수 있는 것과 사회적으로 요구되는 일을 매치시켜야겠죠. 저 같은 경우는 요리가 좋고, 음식에 관심이 많았습니다. 이와 관련한 사회문제, 사회적 필요를 파악하다 보니 제가 해야 할 일이 보였습니다.
> 마침 그 일을 하고 있는 사람이 없었고, '사회적으로 꼭 필요한 일인데 왜 아무도 하는 사람이 없을까? 내가 해야겠다! 내가 제일 잘할 수 있는 일이겠다' 이랬던 겁니다. 시야를 넓혀서 남들이 생각하지 못하고, 찾지 못하는 부분을 의도적으로 찾아내는 노력이 필요합니다."

제도의 변화를 하나 더 예를 들어보자. 수학교과가 개정되어 스토리텔링 기법이 강화되자 스토리텔링지도사라는 직업을 창직한 사례가 있고, 입학사정관 제도가 시행되자 진로포트폴리오지도사라는 창직이 일어나고, 이를 통해 부수적으로 교육 과정, 민간 자격증 등이 파생되었다. 사진사를 꿈꾸던 대학생은 아이폰과 스마트폰의 보급으로 디카시장과 사진관이 힘들어진 것을 알게 되었다. 이 학생은 아이폰사진사와 아이폰영화감독으로 창직의 꿈을 준비하고 있다. 가치관과 라이프 스타일의 변화로 여가, 미용, 건강 등의 관심이 커지자 다이어트프로그래머라는 창직이 발생했다. 기후 변화 이슈 때문에 기상컨설턴트 창직이 생겨났다. 인구 구조의 변화로 고령화가 일반화되자, 노인전문간호사와 같은 창직 활동이 꿈틀거리고 있다. 이러한 창직 아이디어 활동과 실제적인 창직 보급 활동은 외국의 직업에 기초한 신직업의 참신성을 한 단계 더 뛰어넘는 창조 활동이다.

창직을 위해서는 제도에 대한 관찰이 꼭 필요하다. 미래직업 변화의 다양한 이슈에 대해 특정 제도가 생겨나면, 그에 따라 직업의 필요성이 따라온다는 사실에 주목하자. 입시제도의 변화, 이민제도, 학교제도, 기후 변화에 의한 제도 등 제도에 따라 마치 도미노 현상처럼 새로운 직업의 필요성이 대두된다. 이러한 변화에 민감한 사람들은 제도를 미리 살피고, 그에 따라 먼저 반응하게 된다.

창직을 실제 수업에서 경험한 학생들은 자신감이 생겼다. 사람의 필요와 변화 원리가 만나 창직이 가능하다는 사실을 깨달은 학생들은 미래 진로에 가능성 하나가 더 생긴 셈이다. 이런 과정에서 통찰력도 생겨난다. 관심을 가지고 주변과 정보를 보니, 관찰력이 생기고, 관찰을 하다 보니 비로소 본질이 보이기 시작한 것이다.

창직의 조건 5가지

아이디어를 낸다고 해서 다 창직이 되는 것은 아니다. 창직은 기존에 없는 일자리를 만드는 것이다. 직업을 만드는 것이다. 직업으로서 적합성을 따져야 하고 창직으로서 적합성도 살펴보아야 한다. 직업으로서 필수요건은 수익을 만들어, 그것으로 먹고살 수 있어야 한다. 창직전문가에게 물어본 적이 있다.

"창직이 직업이 되려면 어떤 조건을 충족해야 할까요?"

"먹고살 수 있어야 합니다."

"그거면 될까요?"

"아닙니다. 지속적으로 먹고살 수 있어야 합니다."

"그거면 이제 될까요?"

"아닙니다. 바르게 벌어서 먹고살아야 합니다."

창직이 되려면 우선 직업가치로서 타당해야 한다. 경제생활을 영위할 수 있어야 하고, 지속적인 유지가 필요하며, 이 과정에 준

법성과 윤리성이 조건이다.

창직이 직업으로서 생명력을 갖추기 위한 2단계 중 첫 번째 단계는 바로 직업의 가치이다. 두 번째 단계는 그야말로 새로운 직업으로서의 창직이 빛을 발하기 위한 창직으로서의 가치이다. 창직으로서의 가치에 대해서도 창직전문가에게 직접 물어보았다.

"창직이 되려면 직업적 가치 말고 다른 조건은 없습니까?"

"진짜 창직이 되려면 노동시장에서 실현이 가능해야 합니다."

"좀 더 쉬운 말로 바꿔 주신다면?"

"실제 사람이 고용되어 일을 해야 하고, 이것이 지속되어야 합니다."

"그거면 충분합니까?"

"아닙니다. 간판을 걸었는데, 이미 온 세상에 다 있는 거라면 전혀 새롭지 않습니다."

"창의적이고 차별화되는 것이 필요하군요. 이거면 충분합니까?"

"아닙니다. 전문적인 능력과 기술을 인정받아야 합니다."

"그렇군요. 이제 충분하군요."

"아닙니다. 한 가지 더 남았습니다."

"결국 직업으로서 다른 사람도 배워서 할 수 있어야 합니다. 진정한 창직가 정신은 일자리를 창조해 시장에 공급해주는 것입니다. 타인도 잘살게 하는 겁니다. 결국 그러면 자신에게 돌아옵니다."

역시 전문가다운 설명이다. 새로운 시대를 만들어가는 퍼스트 무버First Mover다운 생각의 크기이다. 『창직이 미래다』에 담긴 창직의 요건은 크게 5가지로 구분되어 있다.

1. 직업가치 = 경제성 + 지속성 + 윤리성
2. 노동시장 실현가능성 = 구현가능성 + 지속가능성
3. 창직적합성 = 창의성 + 차별성
4. 전문성 = 전문능력 + 기술력
5. 보편성 = 보급가능성

창직의 세계를 들여다보면 볼수록 매력적이라는 생각이 든다. 직접 만나보지는 못했지만 창직의 사례로 등장하는 사람 중에 존경스러운 마음이 드는 분이 있다. 바로 온라인평판관리사라는 창직을 한 분이다. 이분의 인터뷰를 보며 창직의 마인드와 세계관 그리고 직업으로서의 생존의식까지 느낄 수 있었다.

"창직이란 새로운 변화가 저절로 오기도 하지만 스스로 변화를 만들기도 합니다. 또 불확실한 미래의 직업을 만들어내는 약간은 황당한 일일 수도 있습니다. 자신이 직접 만들어내거나 아니면 미래의 직업을 준비해야 하는 것입니다. 미래에 대한 통찰력을 얻기 위해서는 절대로 남들과 똑같이 행동하고 생각해서는 안 됩니다. 신문, 잡지, 책 등을 통해 미래의 변화를 감지하고 흐름을 파악하기 위해 늘 노력해야 하지요.
창직 준비는 일반 치킨집 창업과는 다릅니다. 치킨집이야 상권 좋은 곳을 고르고, 맛있는 치킨 만드는 비법을 알면 되지만, '창직'이란 세상에 없는 것을 찾아내거나 만들어내야 하니까요. 제대로 창직하기 위해서는 많은 비용이 들어가는 것도 감수해야 하는 험난한 길입니다. 이 비용을 최소화하기 위해서는 정말 많은 공부와 경험을 통해 미래에 대한 통찰력을 갖추어야 합니다. 깊이 있는 준비가 실패에 따른 비용을 최소화할 수 있습니다.
창직한 이후 기억에 남는 에피소드가 있습니다. 자살을 결심한 고객의 목숨을 살려준 일이 있습니다. 적지 않은 사람들이 원치 않는 인터넷 게시물 때문에 상처받고 극단적 선택을 하기도 합니다. 남들은 쉽게 생각하고 올리는 단 한 장의 사진이나 동영상이 목숨을 앗아갈 수도 있는 것입니다.
어느 날 주말에 고객으로부터 급한 연락을 받았습니다. 어릴 적 장난삼아 찍은 동영상이 인터넷에 유포되어 죽음까지 고민하며 혹시나 하고 연락을 했다고 하더군요. 저희가 동영상을 찾아 삭제했고 그 고객은 현재 잘 지내고 있습니다. 그때 일의 보람을 크게 느꼈습니다."

– 고용정보원, 「우리들의 직업 만들기(창직)」 중에서

창직의 조건과 관련하여, 전문가들은 창직의 6계명을 꼭 기억

하라고 말한다.

1. 튀어야 산다! 창의적인 아이디어가 중요하다. 발상의 전환으로 다른 사람이 못 본 틈새시장을 찾아내자.
2. 직업의 세계를 이해하라! 이미 있는 직업들을 합치거나 세분화하면 블루오션을 찾을 수 있다.
3. 잘할 수 있는 분야를 찾아라! 잘할 수 있는 일, 학창 시절부터 줄곧 관심을 가졌던 분야의 일이 무엇인지를 제대로 파악하자.
4. 시대보다 한 박자만 앞서가라! 시장 동향이나 미래 트렌드를 분석해 5년 정도 남보다 앞서가라.
5. 도움을 구하라! 시행착오를 줄이려면 전문가의 의견을 참고하고 실행에 옮겨라. 각종 지원제도를 활용하라.
6. 실패를 활용하라! 당장 원하는 결과물이 안 나와도 좌절하지 말고 노하우를 쌓아라.

창직을 하는 방법

푸듀케이터 Fooducator = 푸드 Food + 에듀케이션 Education

음식을 뜻하는 '푸드'와 교육을 뜻하는 '에듀케이션'을 합친 '푸듀케이터'는 새롭게 탄생한 직업이다. 식생활과 관련된 건강, 환경 등의 포괄적인 분야를 다루는 바른먹거리 전문가를 뜻한다. 한마디로 음식과 교육이 결합한 것이다. 익숙한 것끼리 결합시켜 새로운 것을 탄생시켰다. 스티브 잡스가 창의성에 대해 한 말이 떠오른다. "창의성은 사물을 연결하는 것이다."

그 외에도 다양한 창직이 있다.

- 로봇엔터테이너 = 로봇 + 엔터테인먼트
- 반려동물사진사 = 반려동물 + 사진사
- 애완동물교육전문가 = 애완동물 + 교육자
- KFood외교관 = KFood + 외교관

그런데 결합의 방식을 찾아보려고 창직 사례를 차분하게 읽고 있으니, 또 다른 규칙이 눈에 들어온다. '~하는 사람'이라는 의미를 만들기 위해 단어 뒤에 컨설턴트, 코디네이터, 코치, 멘토 등의 단어를 붙이는 경우이다.

- 가치공유컨설턴트 = 가치공유 + 컨설턴트
- 아이디어컨설턴트 = 아이디어 + 컨설턴트
- 기상컨설턴트 = 기상 + 컨설턴트
- 프레젠테이션컨설턴트 = 프레젠테이션 + 컨설턴트
- 할랄인증컨설턴트 = 할랄 인증 + 컨설턴트
- 영양서비스컨설턴트 = 영양서비스 + 컨설턴트
- 스토리컨설턴트 = 스토리 + 컨설턴트
- 로봇컨설턴트 = 로봇 + 컨설턴트

컨설턴트라는 단어가 붙으면 '~하는 사람'이라는 의미 중에서도 좀 더 '분석'을 요구하는 객관성과 과학적 접근을 강조하고자 하는 의지가 담긴다. 한편, 코디네이터라는 단어를 붙이는 경우도 있다.

- 홈스쿨코디네이터 = 홈스쿨 + 코디네이터
- 소셜데이팅코디네이터 = 소셜데이팅 + 코디네이터

- 문화교류코디네이터 = 문화교류 + 코디네이터
- 장애인여행코디네이터 = 장애인여행 + 코디네이터

코디네이터라는 단어를 쓰면 컨설턴트와는 사뭇 느낌이 다르다. 조율, 조화를 연상시켜 따뜻한 느낌이 든다. 홈, 데이트, 문화교류, 여행 등 조율이 필요한 단어들과 결합한다. 규칙을 찾는 연습을 하다 보면 점점 더 시야가 섬세해진다.

- 3D 프린팅숍매니저 = 3D 프린팅숍 + 매니저
- 농산물꾸러미식단플래너 = 농산물꾸러미식단 + 플래너
- 창작자에이전트 = 창작자 + 에이전트
- 퍼스널브랜드코치 = 퍼스털브랜드 + 코치
- 캠퍼스멘토 = 캠퍼스 + 멘토

관리자를 뜻하는 매니저, 계획을 짜주는 사람인 플래너, 대리하거나 중개하는 에이전트, 개별적인 관계를 형성하고 친절하게 이끌어주는 코치 등과 결합한 창직이다. 전문가, 개발자, 기획자, 평가사, 지도사, 운동사, 진단사, 관리사, 상담사 등을 붙여 만든 창직도 있다.

- 프리마켓기획자 = 프리마켓 + 기획자

- 청년창업지원가 = 청년창업 + 지원가
- 실시간전기요금장치개발원 = 실시간전기요금장치 + 개발원
- 요트레저운항사 = 요트레저 + 운항사
- 길연구가 = 길 + 연구가
- 난독증전문가 = 난독증 + 전문가
- 시니어전화안부상담사 = 시니어 + 전화안부 + 상담사
- 장애인여행코디네이터 = 장애인 + 여행 + 코디네이터
- 의료관광컨시어지 = 의료 + 관광 + 컨시어지
- 시니어여가생활매니저 = 시니어 + 여가생활 + 매니저
- 여행비디오창직자 = 여행 + 비디오 + 창직자
- 트리클라이밍지도사 = 트리 + 클라이밍 + 지도사
- 스포츠영상전문가 = 스포츠 + 영상 + 전문가
- 소셜데이트코디네이터 = 소셜 + 데이트 + 코디네이터

지금까지 직업과 직업이 결합해 창직이 일어난 경우를 살펴봤다.

창직은 사람들의 필요에서 비롯된다. 필요는 욕구나 가치를 말한다. 이러한 욕구가 미래직업 변화의 원리를 만나면 창직이 이뤄진다. 물론 이렇게 창직하는 과정에 창직의 조건, 즉 직업으로서의 가치와 실현가능성, 창직 적합성, 전문성과 보편성을 갖추어야 한다.

세분화에 따른 창직

중국집 메뉴판을 보면 '새우간짜장, 삼선간짜장, 고추간짜장', '고추짬뽕, 해장짬뽕, 낙지짬뽕, 굴짬뽕'이 있다. 짜장은 짜장인데 새우가 들어가거나 고추, 해물이 들어간 경우로 세분화되었다. 짬뽕도 낙지, 굴, 고추 등이 들어간 경우로 세분화했다. 서로 다른 분야가 결합해 창직할 수도 있지만 이처럼 같은 분야인데 그 내용을 세분화하여 새로운 직업이 탄생할 수도 있다.

예를 들어, 4차 산업혁명 핵심 기술 중에 하나인 3D 프린팅 기술은 2가지 조합이 모두 가능하다. 먼저 세분화 방식으로는 3D 프린팅장비 및 솔루션개발자, 부품설계전문가, 3D 프린팅소재개발자, 3D 모델러, 3D 프린팅운영관리자, 3D 프린팅컨설턴트, 3D 프린팅전문강사 등이다.

그리고 다른 분야, 다른 직업과의 조합방식도 가능하다. 바이오인공장기기술자, 3D 프린팅디자이너, 3D 프린팅예술가, 3D 프린팅패션디자이너, 3D 프린팅식품개발자, 불법도면검열요원, 3D 프린팅저작권관리사 등이다. 세분화의 방법으로는 책의 앞부분에 제시한 '기술로 인한 직업 파생의 방법'을 적용하는 것을 제안한다. 2장 113쪽 참조

그런데 창직의 세분화 방식은 시대의 변화에 따라 다시 새로운 필요가 발생하고, 새로운 기술 변화에 따라 미래의 방식으로 세분화를 업데이트하기도 한다. 3D 프린팅 기술은 시간이 지나면서

점차 4D 프린팅으로 기술의 변화가 발생한다. 따라서 기존 세분화 방식은 새로운 기술에 다시 세분화 공정을 거쳐 창직이 가능하다. 새로운 기술이 세상을 어떻게 바꾸는지를 살피는 것은 너무 거창하지만, 우리의 일상을 어떻게 바꾸는지 상상하는 것처럼 가벼운 접근이 가능하다. 이때 주로 사용하는 미래 예측 기법이 시나리오 예측 기법이다. 정부 경제 혁신 포털 '소프트웨어 중심 사회' 사이트에 실린 4D 프린팅 미래의 일상이다.

> 하늘이는 형으로부터 운동화를 선물 받았습니다. 대학교에 다니는 형이 최근 산학협력 프로그램의 하나로 4D 프린팅 기술업체에서 프로젝트를 진행해 만든 운동화라고 합니다. 형이 직접 만든 운동화라니 기분은 좋지만, 동물처럼 살아 숨 쉬는 신발이란 얘기는 거짓말 같았습니다. 이에 운동화만 뚫어지게 쳐다보는 하늘이에게 형은 "신어보면 다르다는 걸 안다니까!"라며 믿어보라고 합니다.
>
> 형 말대로 운동화를 신은 하늘이. 그런데 평소 신던 운동화와는 달리 형이 준 운동화에는 조이는 끈이 없어 몇 번 걸어 다니면 벗겨질 것 같았죠. 형이 또 놀리나 싶어 화를 내는 하늘이에게 형은 시계를 쳐다보며 조금만 더 기다려보라고 합니다. 그런데 놀랍게도 시간이 지나면서 운동화는 하늘이의 발 형태에 맞춰 변화하는 게 아니겠어요. "형, 이 운동화가 내 발에 맞춰 움직이는 것 같아. 진짜로 살아 있는 운동화네!" 하늘이 말에 형은 이번 프로젝트는 특별히 4D 프린팅 기술을 활용한 것이라고

설명합니다.

"하늘아, 너도 3D 프린팅으로 장난감도 만들어봤으니 3D 프린팅은 잘 알 거야. 그런데 이건 4D 프린팅으로 만든 운동화야. 4D 프린팅은 기존 3D 프린팅에 시간 개념을 더했다고 보면 돼. 시간이 흐름에 따라 외부 자극을 받아 변하는 거지." 이어 형은 4D 프린팅 기술로 찍어낸 물체는 사람이 개입하지 않아도 열이나 진공, 중력, 공기 등 다양한 환경과 에너지원의 영향으로 자가변형이나 자가조립이 된다고 설명해주었습니다. 4D프린팅 기술을 이용하면 그냥 색종이처럼 보이는 종이도 미리 짜둔 프로그래밍에 따라 저절로 개구리나 코끼리로 접히고, 일 년 내내 한결같던 자동차나 옷의 색상이 사람 기분에 따라 바뀔 수 있다고 했죠.

"정말 신기하다! 그럼 뭐든 다 움직이게 만들 수 있겠어." 연신 감탄하는 하늘이에게 형은 최근 집도 4D 프린팅으로 짓는 게 유행이라고 합니다. "두바이에선 3D 프린팅으로 건물을 만들었대. 콘크리트, 철강, 유리섬유 등을 잉크로 썼다더라고. 그런데 그만큼 어마어마하게 큰 프린터가 필요해서 돈이 많이 들었다나 봐. 하지만 4D 프린팅으로 건축물의 구성 요소들을 설계해 출력하면 조그맣던 벽돌이 스스로 형체를 바꿔 조립하기 때문에 인력과 비용을 절감할 수 있어. 그래서 내가 4D 프린팅의 혁신을 이끄는 소재 개발자가 되려는 거야."

세분화에는 이렇게 기술의 변화에 따른 업데이트가 가능하다. 4D 프린팅 기술 역시 기술이 파생하는 직업 세분화를 통해 많은 직업이 창직될 수 있다. 이렇게 생각하고 보니, 많은 미래 전문가들이 “우리 아이들이 살아갈 미래직업의 절반 이상은 지금은 없는 직업이 될 것입니다”라고 한 말이 실감난다.

'세분화'를 통해 이루어지는 창직 공식에 간단한 입력치의 변화가 생기는 것이다. 앞서 제시한 4D는 변화의 원리 중에 기술의 변화가 바뀌는 것이다. 또한 세분화의 원리는 조합의 원리와 다르기 때문에 공식 자체가 바뀔 것이다.

결합의 원리와 세분화의 원리를 기억하자. 『창직이 미래다』를 집필한 대한민국 최고의 창직전문가 이정원 회장에게서 창직 세분화 원리의 예를 들었을 때 솔직히 충격을 받았다. 향후 기후환경의 변화, 웰빙을 추구하는 라이프 스타일, 고령화 사회 등의 이유로 도시농업, 즉 텃밭 분야가 발달할 것이라고 말한 그는 나에게 “도시농업 분야의 창직 세분화로 이런 직업들이 생기지 않을까요?”라고 말해주었다.

청소년치유농장운영자, 텃밭유치원운영자, 학교텃밭연구자, 도시농업진로지도사, 퇴비학교운영자, 텃밭소믈리에, 장애인텃밭운영자, 아토피텃밭운영자, 텃밭강사, 텃밭정보프라자운영자, 텃밭초보자어드바이저, 텃밭농기구대여소운영자, 텃밭농자재판매자, 도시텃밭농산물브랜드사업자, 텃밭직매소, 허브텃밭카페, 아동텃밭매장운영자, 텃밭뷔페식당운영자, 텃밭도시락운영자, 텃밭네트워크전문가, 씨앗도서관운영자, 텃밭공연전문가, 농업공원운영자, 텃밭DJ, 텃밭박물관, 미니어처과수농원운영자, 지렁이농장운영자, 도시양봉, 베이비립생산자, 로컬푸드생산자, 채소소스공방, 텃밭일손뱅크운영자, 각종텃밭조성자, 모종 씨앗공급자, 텃밭자재배송업자, 농업지원센터활동가, 랜드셰어운영자, 농지임대주말농장운영자, 농부시장코디네이터, 텃밭유휴공간디렉터, 텃밭축제 기획자, 텃밭스토리텔러, 도시농업박람회기획가, 텃밭투어기획자, 텃밭체험기획자, 농업공원디자이너, 베란다텃밭코디네이터, 텃밭to밥상플래너, 소셜팜 컨설턴트

내가 스스로 만드는 미래직업

지금껏 배운 내용을 바탕으로 미래직업을 만드는 방식을 한번에 볼 수 있는 방법을 생각해보았다. 커다란 원형판에 3단 크기의 원을 그려 넣었다. 1단에는 학생들의 현재 꿈으로 가지고 있는 직업명, 2단에는 미래직업 변화의 원리, 3단에는 세부적인 미래 변화의 기술적, 사회적 이슈를 담되 긍정적인 부분과 부정적인 부분을 써 넣기로 했다. 크기가 다른 3개의 판이 가운데 핀을 중심으로 돌아가다 해당 화살표에 만나는 3개의 칸이 나올 것이다. 이를 통해 미래직업을 창직해보는 방식이다.

이런 방식으로 한번 만들어보자. 실제 어설픈 게임이 될 수도 있고, 생각처럼 원활하게 미래직업이 나오지 않을 수도 있다. 중요한 것은 발견의 과정이다. 학생들과 시뮬레이션 게임을 해보았다. 막상 해보니 주사위를 던지는 것이 쉽지 않았고, 오히려 그냥 제일 안쪽의 원을 고정한 채, 가운데 원과 가장자리 원을 회전시켜

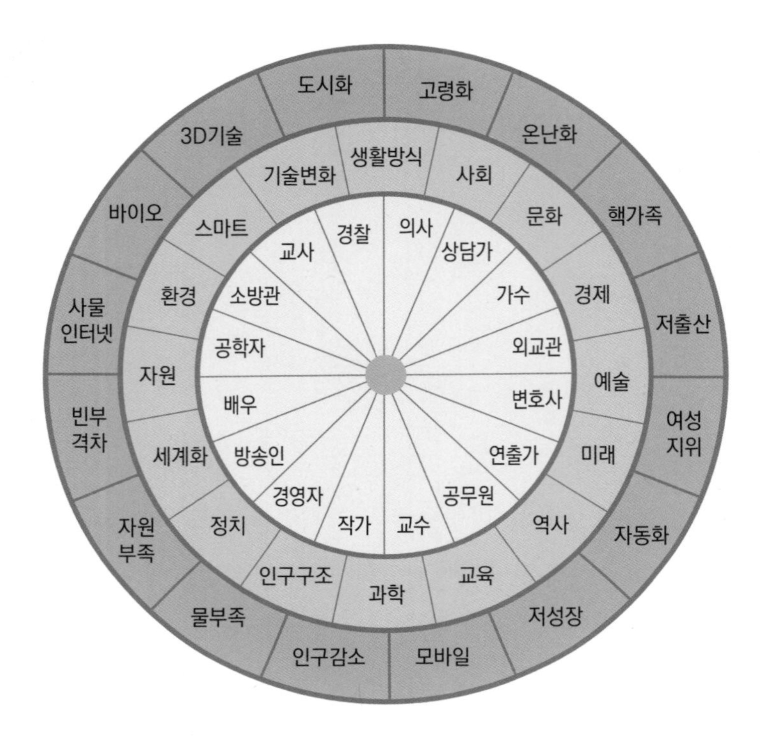

멈추는 자리에서 기존의 꿈과 일직선이 된 지점의 내용을 읽고 미래직업을 토론해보았다. 학생들의 대화를 살펴보자.

"기존의 꿈은 경찰이고, 생활방식이 변화되는데, 도시화가 가속되는 상황이다."

"경찰이라는 꿈은 미래에도 충분히 존재 가치가 있을 거야."

"하지만 과거, 현재의 경찰과는 당연히 다르겠지."

"일단 기술적으로 변화가 있을 것 같아. 로보캅이 등장하지 않을까."

"그럼 인간 경찰은 일자리를 잃는 거잖아."

"그렇게 단정할 수는 없어. 기술이 또 다른 직업을 파생할 수도 있어."

"내 생각에는 경찰 + 교육으로 범죄예방교육기획자가 나올 것 같아."

"내 생각에는 드론 CCTV방범전문가도 나올 것 같아."

"도시 안전에 대한 빅데이터전문가는 어떨까."

어차피 정답이 없기 때문일까. 학생들은 거침없이 직업을 말했다. 비록 정교함과 타당성은 떨어질지라도 이러한 용기와 자신감, 시도와 경험이 중요하다. 적어도 한 가지는 확실히 달라졌다. 미래에 사라질 직업 같은 뉴스를 보며 낙망하지는 않는다.

"경찰 + 생활방식 + 도시화"가 나온 경우 학생들의 창직 예시

- 범죄예방교육기획자
- 방범유비쿼터스개발자
- 도시치안모바일설계자
- 드론안전CCTV공급자

"교사 + 인구구조 + 3D기술"이 나온 경우 창직 예시

- 3D 프린팅교육개발자
- 실버재교육 3D 프린팅강사
- 3D 설계창의영재교육전문가
- 가정 3D 프린팅큐레이터

“소방관 + 환경 + 바이오”가 나온 경우 창직 예시

- 화재불가능소재개발자
- 웨어러블방의류디자이너
- 도시소방자동화설계자
- 스쿨소방관, 학교안전평가원

“공학자 + 자원 + 사물인터넷”이 나온 경우 창직 예시

- 지하자원지도GPS개발자
- 실시간자원잔량측정가
- 개인별 자원사용모바일러
- 식품별 함량측정프로그래머

에필로그

변화를 읽는 사람은 미래 예측이 가능하다

누군가 말했다. 피 말리는 경쟁을 피하는 최고의 방법은 '경쟁을 하지 않는 것'이라고. 경쟁하지 않는다는 것은 새로운 것, 자기만의 것을 추구하는 것이다. 결코 쉬운 일은 아니다. 더 좁은 길을 걷는 것이다. 그러나 조금만 더 합리적으로 생각해보면 그리 불리한 싸움은 아니다. 서로를 갉아먹는 치열한 경쟁에서 살아남겠다는 정신과 의지를 자신만의 것을 찾는 일에 쓴다면 충분히 가능하다. 여러분은 아마도 이렇게 질문하고 싶을 것이다.

"그래서 미래에 어떤 직업을 선택해야 먹고살 수 있나요?"

쉽게 답을 얻고 싶어 하는 마음은 충분히 이해한다. 이 책을 처음부터 끝까지 읽었다 해도 이 같은 질문을 할 수 있다. 이 질문에 나는 이렇게 답하고 싶다.

"타고난 언어능력, 음악성, 미술 감각이 있지 않는 한, 가능하면 미래 기술 분야를 권합니다. 다만, 인문학적 소양, 철학적 사고능력을 기르세요.

과거와 현재의 진로교육에 성실하게 참여하세요. 초등 때는 자기 탐색이 무르익지 않았으니 직업 탐색에 집중하세요. 중등 때는 자기 탐색을 통해 흥미, 재능, 강점, 성향, 가치 등을 확인해보세요. 고등 때는 진로 의사 결정을 통해 분야를 정하되, 바로 이때 미래 분야에 주목해주세요. 학년이 올라갈수록 신문을 함께 읽어 현재를 관찰하는 습관을 갖기를 권합니다.

미래 변화의 대표적인 8가지 분야 중 IT의 변화에 더 민감해지고, 4차 산업혁명의 6가지 기술 변화에 주목하세요. 이전의 진로 교육이 한 방향으로 깊이 뿌리내리는 과정이었다면 미래 진로교육은 넓게 확장하는 과정입니다. 가장 어려운 일이 직업의 변화인데, 사라지는 것에 대한 두려움을 일단 내려놓으세요. 자기 발견이 탄탄하다면 사진사의 꿈은, 사진관이 문을 닫을 때 아이폰사진사로 대응할 수 있습니다.

결국 중요한 것은 자신이 누구인가에 대한 성찰과 미래가 어떻게 바뀌느냐에 대한 통찰입니다. 내면이 약한 사람은 변화에 휩쓸리고, 내면이 강한 사람은 변화에 대응하고 주도합니다. 특히 미래 변화의 원리와 변화의 분야, 그리고 새로운 변화 이슈와 기술 변화에 집중합니다. 그 과정에서 국가가 발표하는 신직업 흐름을 꼭 챙겨주세요. 고용정보원이 주도할 것입니다.

이제 막 새롭게 저변이 형성되는 '창직'이라는 직업 만들기 트렌드를 주목해서 관찰합니다. 창직의 개념이 형성되고, 창직 방법론과 사례가 이제 막 나오게 될 것입니다. 걱정하지 마세요. 변화에 무감한 사람은 늘 급격함에 놀라지만, 변화를 읽는 사람은 충분히 예측 가능합니다. 그래서 청소년 여러분은 미래 변화에 현재까지의 진로 탐색을 대입하면 되는 것입니다. 다만 지금 아무리 행복한 꿈을 갖고 있다 할지라도 변화의 가능성은 꼭 열어두세요."

미래직업이라는 단어는 홀로 쓰기에는 어색하다. '미래직업'이라고 쓰기보다는 '미래직업 변화'라고 써야 할 것 같다. 변화 그 자체가 일상화되고 개념화될 것이라고 생각한다. 그러나 기억하자. 스마트폰 기기를 매일 새것으로 갈아치우는 소비자는 실제 그 단말기의 기능을 충분히 활용할 줄 모르는 경우가 많다. 오히려 흐름을 읽는 소비자는 한 시기를 넉넉하게 지나간다. 초기 단말기의 성능이 업데이트되기를 기다리고, 가격 거품이 빠지기를 기다리며 기존에 120% 활용하던 단말기의 활용 능력을 어떻게 다른 단말기로 이어갈 것인지 똑똑하게 살핀다.

진로와 미래직업 변화도 마찬가지이다. 아무리 생각해도 융합 시대의 최강자는 가볍고 넓게 아는 척하는 사람이 아니라, 오히려 자신의 분야에 충분한 실력을 갖추고 변화의 흐름을 읽는 사람이다. 무엇보다 기본은 자기 발견과 탐색에 있다. 거기에 변화 예측을 대입하면 미래직업으로 연결될 수 있다.

피할 수 없다면 즐기라고 했다. 직업에 대한 고정관념에서 벗어나 적극적으로 변화를 관찰하고 사람들의 필요가 무엇인지 파악하면 새로운 가능성은 열릴 것이다. 기술이 발전하면 거기서 파생하는 직업 또한 다양해질 것이다.

직장에 얽매이지 말고 직무와 직업을 만들어 창업을 할 수도 있고, 사회적 기업을 세울 수도 있고, 혹은 조합을 만들 수도 있다. 자신의 적성에 근거하여 미래 변화를 관찰하고, 그 속에서 발생하는 직업의 변화를 이해한 뒤 자신의 방향을 잘 선택해보자. 건투를 빈다.

기술의 변화가 미래 변화를 주도하고 있다.
일견 복잡해 보이지만 한편으론 자신의 강점만 잘 찾으면
무한한 진로 가능성이 펼쳐지는 것이다.

이제는 우리가 무엇을 상상하든
'정말 가능할까' '너무 앞서가는 건 아닐까'라는 생각은 말자.

우리의 오랜 역사 속에서 익숙해진 '직업'에 대한 고정관념을 완전히 깨고,
경쟁하려는 마음조차 내려놓고, 아예 새로운 '일'과 '일자리'를 만들어버리는
창조의 삶을 살아보는 것이다.

기술은 즐기고 누리되, 직업은 자신이 미래의 새로운 필요에 따라
만드는 방식으로 살아가는 것이다. 이미 '신직업' 발굴을 위해
국가 정책을 펴기 시작했다. 바로 '창직(Job Creation)'이다.